AF329839

# LE
# THEATRE DE
# IAQVES GREVIN
## de Cler-mont en Beauuaisis,

A

# TRESILLVSTRE ET
TRESHAVLTE PRINCESSE
MADAME CLAVDE DE FRANCE,
*Duchesse de Lorraine.*

## Enfemble,

LA SECONDE PARTIE DE
*L'Olimpe & de la Gelodacrye.*

A PARIS,

Pour Vincent Sertenas, demeurant en la rue neuue
noftre Dame, à l'enfeigne fainct Iehan l'Euan-
gelifte, & en fa boutique au Palais, en la
gallerie par où on va à la Chancellerie.

E T,

Pour Guillaume Barbé rue fainct Iehan de Beau-
uais, deuant le Bellerophon.

M. D. LXI.

# AVEC PRIVILEGE.

ΟΥΔΕΝ, ΗΔ ΌΛΥΜΠΟΣ.
1561
IA · GRÉVIN
AN · ÆT · XXIII

# A MADAME CLAVDE
## DE FRANCE DVCHESSE
## de Lorraine.

ADAME le bon ac-
cueil qu'il vous pleut
me faire lors que Mó-
fieur de Boulin me
prefenta à vous, m'a
incité d'aduantage à
eſſayer de faire quelque choſe qui
vous peuſt eſtre aggreable. Car le bon
amour que vous portez aux lettres, m'a
toufiours ſerui cóme d'éguillon pour
refueiller ce qui poſſible dormoit en
moy. C'eſt pourquoy ayant long téps
gardé ce Theatre (poëme non encore
veu en noſtre langue) ie n'ay trouué
perfonne plus digne à qui ie deuſſe
donner Cefar, qu'à vous qui eſtes fille
d'vn Roy, lequel en proüeſſes, vertus,
& humanité l'a fi bien fecondé, qu'il a

* ij

esté argument à vne infinité de doctes
escriuains de celebrer ces trois perfections,lesquelles ont autát apparu en
luy, qu'en Prince qui ait esté depuis ce
premier Empereur Romain.  Ie vous
prie donc, Madame,par ces trois dont
vous estes heritiere legitime de vostre
Pere,de vouloir defendre nostre Cesar
de tout danger & coniuration que les
enuieus de mon nom luy pourroyent
machiner.En quoy faisant , ie n'auray
crainte de le reuoir massacrer encores
vne fois, mais plustost ie m'asseureray
que sa mort luy aura serui d'vne immortalité.

En cest endroict,Madame,ie prie-
ray le Createur qu'il luy plaise maintenir vostre grandeur,& me rendre de
plus en plus obeissant en vostre seruice.

*Vostre treshumble serui-*
*teur Iaques Gréuin.*

# BRIEF DISCOVRS POVR

## l'intelligence de ce Theatre.

A Mi Lecteur, i'ay biē voulu dif-courir fur quelques poincts, lefquels parauenture pour-royent eftre caufes de foufpe-çon, fi librement ie ne decla-roy mon intention par ce Difcours, pour-autant que premier de noftre temps ie me fuis hazardé de mettre la Tragedie & Co-medie Françoife entre tes mains, veu que comme dit Martial,

*-nimium Martia turba fapit.*
*Maiores nufquam ronchi, iuuenéfque fenéfque:*
*Et pueri nafum Rhinocerôtis habent.*

Non que ie me vueille dire premier qui en a compofé en noftre langue: Car ie fcay bien qu'Eftienne Iodelle (homme qui me-rite beaucoup pour la promptitude & gen-tilleffe de fon efprit) à efté celuy qui les a tirees des Grecs & Latins pour les replan-ter en France. Mais auffi ie diray ceci fans arrogance, que ie fuis encores à voir Tra-gedies & Comedies Francoifes, excepté celles de Medee & d'Hecuba, lefquelles

*.iij.

ont esté faictes vulgaires,& prises du Grec
d'Euripide.

Or pourtant que ie scay bien que plu-
sieurs pourront cheoir sur ces compositiõs
non accoustumees en nostre langue,il me
semble estre bon de declarer mon opinion
touchant l'origine des Tragedies & Comedies, & de l'heureux ou malheureux
succés d'icelles, & du proffict que l'on en
peult retirer. La Tragedie donc ( comme
dit Aristote en son art poëtique) est vne i-
mitation ou representation de quelque
faict illustre & grand de soymesme, comme est celuy touchãt la mort de Iules Cesar. Et pour sçauoir d'ou vient ce mot de
Tragedie , il fault entendre qu'anciennement on donnoit aux poëtes Tragiques,
pour recompense de leur labeur, vn Bouc,
ou bien la corne d'vn bouc pleine de vin:
non que le present fust de grand valeur,
mais plus pour l'honneur d'auoir esté aggreable & d'auoir bien faict èntre tous. De
ceste opinion est Horace, quand il dit

*Carmin: qui Tragico vilem certauit ob hircum.*
Et pourtãt que les Grecs appellẽt vn bouc
τράγος, de là est venu τραγωδία, que no⁹ ap-
pelons Tragedie. Ie pense bien que ceux

qui ont faict les premieres Tragedies n'ob-
feruoyent pas fi eftroictemét ce qu'auiourdhuy on y requiert : mais auec le téps(ainfi qu'il eft facile d'adioufter aux chofes in-
uentees)on les a fi bien polies,que maintenant on n'y fcauroit que defirer, ie dy en
celles qui font faictes felon les preceptes
qu'en ont donné Ariftote & Horace.

Quant eft du bó accueil qu'ha eu la Tragedie, ie diray feulement que les efcripts
des Poëtes Grecs nous en peuuét faire foy,
entre lefquels eft Æfchyle, Sophocle &
Euripide, que nous ofons à bon droict nó-
mer la fontaine, de laquelle tous les bons
poëtes Tragiques ont beu, & le trefor auquel ils ont pris les richeffes pour embellir
leur poëmes:ainfi qu'entre les Latins nous
auons Seneque.

Mais reuenós à noftre Tragedie de Iules Cefar, laquelle nous auons mife en a-
uant en noftre langue,non que ie l'aye em-
pruntee,comme quelques vns fe font faict
accroire, eftimants que ie l'euffe prife du
Latin de Marc Anthoine de Muret: Car
là ou elles feront confrontees, on trouuera la verité. Ie ne veux pourtant nier que
fil fe trouue quelque traict digne d'eftre

Ioué, qu'il ne foit de Muret, lequel a efté mon precepteur quelque temps es lettres humaines, & auquel ie donne le meilleur, comme l'ayant appris de luy.

En cefte Tragedie on trouuera parauéture eftrange, que fans eftre aduoué d'aucun autheur ancien, i'ay faict la troupe interlocutoire de Gensdarmes des vieilles bandes de Cefar, & non de quelques Chãtres, ou autres, ainfi qu'on a accouftumé: mais ou l'on aura entendu ma raifon, poffible ne leur fera-il de fi difficile digeftion, comme il a efté à quelques vns. I'ay eu en ceci efgard que ie ne parloy pas aux Grecs, n'y aux Romains, mais aux François, lefquels ne fe plaifent pas beaucoup en ces chantres mal exercitez, ainfi que i'ay fouuenteffois obferué aux autres endroicts ou l'on en a mis en ieu. D'auantage puis qu'il eft ainfi que la Tragedie n'ef. autre chofe qu'vne reprefentation de verité, ou de ce qui en ha apparence, il me femble que ce pendant que là ou les troubles (tels que lon les defcrit) font aduenues es Republiques, le fimple peuple n'auoit pas grande occafion de chanter: & que par confequent, que lon ne doit faire chanter non

plus en les representãt, qu'en la verité mefme: autrement à bon droiȼt nous ferions
repris, ainfi qu'vn mauuais peintre auquel
on auroit donné charge de faire vn pour-
traiȼt, & qui auroit adiouſté quelques
traiȼts qui ne fe recognoiſtroyét au vifage
qui luy auroit efté prefenté. Que fi lõ m'al-
legue ceci auoir efté obferué de toute antiquité par les Grecs & Latins, ie refpon
qu'il nous eft permis d'ofer quelque chofe,
principalement ou il n'ya occafion, & ou
la grace du poëme n'eft offenfee.    Ie fcay
bien qu'on me repliquera que les anciens
l'ont faiȼt pour refiouir le peuple fafché,
poffible des cruautez reprefentees: à quoy
ie refpondray que diuerfes nations requie-
rent diuerfes manieres de faire,& qu'entre
les François il y a d'autres moyens de ce
faire fans interrópre le difcours d'vne hi-
ftoire.    De ceci ie te laifferay le iugement,
t'aduertiffant que ie n'ay voulu(à la maniere de ceux lefquels prenáts peine de f'en-
fler, creuent tout en-coup) rechercher vn
tas de gros mots propres pour efpouan-
ter les petits enfans:ains pluftoft ie me fuis
contenté,enfuyuant les Tragiques Grecs,
de ma langue, fans en emprunter vne e-

ſtrangere pour exprimer ma conception.
Or ie reuiens à la Comedie, qui eſt vn di
ſcours fabuleux, mais approchant de verité, contenant en ſoy diuerſes manieres de
viure entre les citadins de moyen eſtat, &
par lequel on peult apprendre ce qui eſt v-
tile pour la vie, & au contraire cognoiſtre
ce que lon doit fuir, enſeignez par le bonheur ou malheur d'autruy. C'eſt pourquoy
Ciceron l'appelle imitatió de vie, mirouer
des couſtumes, & image de verité. Il y a
eu anciennement deux ſortes de Comedies, l'vne eſt appelee la vieille, laquelle có-
prenoit pluſieurs choſes fabuleuſes, iniu-
res & moqueries, iuſques à taxer les hómes
par leur noms: ainſi que nous pouons voir
en Ariſtophane, en la Comedie des Nues,
là ou il ſe moque apertement de Socrate.
L'autre Comedie eſt appelee la nouuelle,
laquelle eſt faiĉte a l'imitatió des mœurs &
cómune maniere de viure des hómes, dót
Menandre a eſté l'autheur, & à l'imitation
de laquelle nous auós faiĉt les noſtres. Les
anciens auoyent encores vne autre ſorte
de Comedie qu'ils appeloyent Mimus ou
Baſtelerie, pourautát qu'elle eſtoit faiĉte de
parolles ordes & villaines, & de matiere

affez deshôneſte,laquelle auſsi eſtoit repre
ſentee par des baſteleurs,voire le plus pres
du naturel qu'il eſtoit poſsible, côme teſmoigne Ciceron en ſon 2. de l'Orateur &
Quintiliã en ſon 2.liure.De là ſont venues
les farces dès François, comme nous pou
uôs facilemét voir. Or pourautãt qu'en la
Comedie nouuelle,(comme auſsi en toutes Tragedies) l'on propoſe les hômes de-
menants quelques affaires , on a diuiſé le
tout par Aĉtes , que les Grecs ont appelé
δράματα,ἀπὸ τῦ δρᾶμ, qui eſt autant à dire que faire ou negotier.  L'origine de la
Comedie ſelon l'opinion de pluſieurs, ſe
donne aux Atheniẽs, leſquels voulãts no-
ter d'infamie les mal-viuans, venoyét d'v-
ne gayeté de cueur,de rue en rue, & montez ſur quelques chariots,les nommoyent
par noms & par ſurnoms. Et quant à moy
ie ſuis de ceſte opinion que la Comedie a
pris ſon nom ἀπὸ τῶν κωμῶν,c'eſt à dire des
rues par leſquelles de ce premier temps elle eſtoyét iouees : & ſemble qu'encore ceſte couſtume ſoit demeuree en Flandres,
& pais bas, ou les ioueurs de Comedies ſe
font trainer par les carrefours ſur des chariots & là iouét leurs hiſtoires,Comedies,

& farces. De ces premiers a eſcript Horace en ſon art poëtique,

*Ignotum Tragicæ genus inueniſſe Camœnæ*
*Dicitur, & plauſtris vexiſſe poëmata Theſpis.*

Et de là eſt venu le prouerbe entre les
Grecs ἐξ ἁμάξης λοιδορεῖν, c’eſt à dire, iniurier
en chariot, ou bien ſe moquer: comme le
prend auſsi Demoſthene en ſon oraiſon
pour la Couronne. Entre les premiers poëtes Comiques on met Suſarion, Rulle &
Magnes, leſquels pluſtoſt par moquerie,
qu’autrement, taxoyent appertement vn
chaſcun. Depuis vindrẽt Ariſtophane, Eu-
polis & Cratine, leſquels pourſuiuants &
deteſtans les vices de leur Princes, compo-
ſerent des Comedies aſſez fortes, tant que
Menandre & Philemon commencerent à
les addoucir, ainſi que les voyons en Terẽce, lequel a pris ſes Comedies de Menãdre
& Appollodore. Apres Menandre & Philemon aucteurs Grecs, vint le premier à
Rome Andronique: puis Plaute & Terẽce,
leſquels nous ont laiſſé leur Comedies par-
faictes de tous poincts, & comme dit Ciceron, pleines de choſes ingenieuſes, ciui-
les, elegantes & faceticuſes, comme les liures des Philoſophes Socratiques. Voyla

l'origine & succés de la Comedie, que i'e-
ftime auec Ariftote auoir efté inuentee du
mefme temps que la Tragedie : car côme
ainfi foit q̃ des hômes, les vns foyẽt graues
& feueres, les autres gaillards & ioyeux,
il eft aduenu que les premiers fe font mis à
efcrire des Tragedies graues & feueres,
les feconds fe font exercez en Comedies
gaillardes & ioyeufes.     Le profict que tu
en peux reccuoir eft de te garder de pareilles aduentures qui font aduenues en i-
celles par la mefgarde d'aucuns, par la fim-
plicité des autres, par l'aftuce des plus rufez, & cognoiftre aufsi la diuerfe maniere de viure des diuers eftats.     Car comme
difoit Andronique, la Comedie eft le mirouer de la vie iournaliere. Cefte feule
caufe m'a efmeu d'auantage à mettre celles cy en auant, en la compofition def-
quelles i'ay pluftoft enfuyui la nayueté de
noftre vulgaire, & les communes manieres de parler, que pris peine d'enfuyure les
anciẽs, encore que ie ne m'en foy' du tout
retiré, comme pourrôt apperceuoir ceux
qui feront vn peu verfez en l'Ariftophane,
Plaute & Teréce. L'autre caufe qui me l'a
faict faire, a efté voyant les lourdes fautes,

lefquelles fe commettent iournellemēt
es ieux de l'Vniuerfité de Paris, qui doit
ftre comme vn parangon de toute perfection de fciences : ou nous voyons touteffois mille fautes cōmifes en ceft endroict,
lequel a efté tant recommandé des anciēs
Romains: que plus fouuent les Empereurs
& grands feigneurs, oultre la defpence, en
telles affaires, f'employoyent à l'execution
de leurs Tragedies, & Comedies. Nous en
auons encor pour tefmoignage auiourdhuy les ruines des Amphitheatres fom-
ptueux, & les liures des poëtes & hiftorio-
graphes. La faute que i'y voy, c'eft que con
tre le commandement du bon precepteur
Horace, ils fōt à la maniere des bafteleurs
vn maffacre fur vn efchaffaut, ou vn difcours de deux ou trois mois, & fēble qu'en
ceft endroit, ils ayent cōiuré pour mal faire : & autres telles badineries, que ie laiffé
pour eftre plus bref. Ie ne mets pourtāt en
ce nōbre quelques vns qui en ont faict leur
deuoir, mais pluftoft ie les prie au nom de
tous amateurs des bonnes lettres, de pour-
fuyure & aider à chaffer ce monftre d'entre vne tant docte compagnie : par deuers
laquelle accourent non feulement les Frā-

çois, mais aussi les estrangers des plus lóin-
taines prouinces. Et quant est de ma part,
pourautant que plus grande estude m'a
retiré par deuers soy, i'en laisse la charge
aux amateurs de l'antiquité : & te priray,
Lecteur, de prendre le tout plustost en bô-
ne part, que opiniastrement te bander cô-
tre la verité.     A Dieu.

## Fautes suruenues en l'impression.

| Page. | Ligne. | Faute. | Lisez. |
| --- | --- | --- | --- |
| 2. | 1. | quelle frayeur | Et quelle peur |
| 3. | 19. | Ne ne l'a | Ne l'a |
| 5. | 19. | qu'il ne veult | qu'il me veult |
| 18. | 26. | ncore | Encore |
| 42. | 10. | Le premier | Le second |
| 48. | 23. | Iouer | Iouez |
| 56. | 14. | Et milles | Et dix mille |
| 84. | 16. | A bailler | A babiller |
| 96. | 9. | Le tabler | Le tablier |
| 140. | 30. | pensez pensez | Et si pensez |
| 151. | 16. | de prendre | reprendre |
| 155. | 4. | message | mesnage |
| 163. | 14. | qu'ils | qu'ells |
| 164. | 2. | sachantg | sachant |
|  | 3 | arnie | garnie |
| 284. | 22. | Herons | Heròs |
|  | 26. | par ma | pour ma |

## ΕΙΣ ΕΙΚΟΝΑ
## ΙΑΚ. Γρεβίνʹ.

Ναὶ σὲ καλῶς Ῥωνσάρδος ἔγραψεν ἐοικότα Φοίβῳ
Διστάζων πότερος φαίη ὁμοιότερον.
Εἰ δ' οἶον νῦ σεῖο διηκρίβωσε πρόσωπον
Ζωγράφος, ἐκμάσσειν οἷος ἔην κε νόον·
Οὐ ῥ' ἱπποδιφθόρῳ σὺ καλῶς Φοίβῳ πρίσωσης
Ἡ γὰρ κ' ἠγήρω ἧς ὅτι φαιδρότερος.

Φλωρ. Χρισtιανοῦ.

# EXTRAICT DV

### Priuilege.

*IL est permis à Vincent Sertenas marchant Libraire de Paris, d'imprimer ou faire imprimer par qui bon luy semblera, & exposer en vente le présent liure intitulé* Le Theatre de Iaques Greuin de Cler-mont en Beauuaisis, Auec le second liure de l'Olimpe, & de la Gelodacrye. *Auec defenses à tous aultres personnes qu'il appartiendra de n'imprimer, n'exposer en vente iceluy liure, sans le vouloir & consentement dudict Sertenas, dedans le temps de six ans prochainement venans & accomplis, sur peine de confiscation desdicts liures & d'amende arbitraire, comme plus à plein est contenu es lettres de Priuilege donnees à Paris, le seizieme iour de Iuin 1561.*

*Par le Conseil,*        **DE COVRLAY.**

# ELEGIE
## DE PIERRE DE RON-
### SARD, A I. GREVIN.

REVIN, *en tous meftiers on peult eftre*
*parfaict:*
*Par longue experience un aduocat eft faict*
*Excellent en fon art, & celuy qui pratique*
*Deffus les corps humains un art Hippo-*
*cratique:*
Le fage Philofophe, & le graue Orateur,
Et celuy qui fe dit des nombres inuenteur
Par eftude eft fçauant:mais non pas le Poëte,
« Car la Mufe icy bas ne fut iamais parfaicte,
Ny ne fera, G R E V I N:la haulte Deité
Ne ueult pas tant d'honneur à noftre humanité
Imparfaicte & groffiere:Et pource,elle n'eft dine
De la perfection d'une fureur diuine.
Le don de Poëfie eft femblable à ce feu,
Lequel aux nuicts d'hyuer comme un prefage eft ueu
Ores deffus un fleuue,ores fur une prée,
Ores deffus le chef d'une foreft facrée,
Sautant & ialliffant,iettant de toutes pars
Par l'obfcur de la nuict de grans rayons efpars:
Le peuple le regarde, & de frayeur & crainte
L'ame luy bat au corps,uoyant la flame faincte.
A la fin la clarté de ce grand feu defcroift,
Deuient palle & blafart, & plus il n'apparoift :
En un mefme pays iamais il ne feiourne,
Et au lieu dont il part,iamais il ne retourne,

A i.

Il *saute sans arrest de cartier en cartier,*
*Et iamais un païs de luy n'est heritier.*
*Ains il se communique, & sa flame est montree*
*(Ou moins on l'esperoit) en une autre contree.*
    *Ainsi ny les Hebreux, les Grecs, ny les Romains,*
*N'ont eu la Poësie entiere entre leurs mains:*
*Elle a veu l'Alemagne, & a pris accroissance*
*Aux riues d'Angleterre, en Escosse, & en France,*
*Sautant deçà delà, & prenant grand plaisir*
*En estrange païs diuers hommes choisir,*
*Rendant de ses rayons la prouince allumee,*
*Mais bien tost sa lumiere en l'air est consumee.*
  " *La louange n'est pas tant seulement à un,*
  " *De tous elle est hostesse, & visite un chacun,*
  " *Et sans auoir égard aux biens ny à la race,*
  " *Fauorisant chacun, un chacun elle embrasse.*
    *Quant à moy, mon* GREVIN, *si mon nom espandu*
*S'enfle de quelque honneur, il m'est trop cher vendu,*
*Et ne sçay pas comment un autre s'en contente:*
*Mais ie sçay que mon art greuement me tormente,*
*Encore que moy vif ie iouysse du bien*
*Qu'on donne apres la mort, au mort qui ne sent rien.*
*Car pour auoir gousté les ondes de Permesse,*
*Ie suis tout aggraué de somne & de paresse,*
*Inhabile, inutile: & qui pis, ie ne puis*
*Arracher cest humeur dont esclaue ie suis:*
    *Ie suis opiniastre, indiscret, fantastique,*
*Farouche, soupçonneux, triste & melancolicque,*
*Content & non content, mal propre, & mal courtois:*
*Au reste craignant Dieu, les princes, & les loix,*
*Né d'assez bon esprit, de nature assez bonne,*

Qui pour rien ne uoudroit auoir faché personne:
voyla mon naturel, mon GREVIN, & ie croy,
Que tous ceux de mon art ont tels uices que moy.
    Pour me recompenser, au moins si Calliope
M'auoit faict le meilleur des meilleurs de sa trope,
Et si i'estois en l'art qu'elle enseigne parfait,
De tant de passions, ie seroy satisfait:
Mais me uoyant sans plus icy demy Poëte,
Vn mestier moins diuin que le mien ie souhaitte.
    Deux sortes il y-a de mestier sur le mont,
Ou les neuf belles Seurs leurs demeurances font,
L'un fauorise à ceux qui riment & composent,
Qui les uers par leur nombre arrengent & disposent,
Et sont du nom de uers dicts Versificateurs:
Ils ne sont que de uers seulement inuenteurs,
Froids, gelez, & glacez, qui en naissant n'apportent
Sinon un peu de uie, en laquelle ils auortent:
Ils ne seruent de rien qu'à donner des habits
A la cannelle, au succre, au gingembre, & au ris.
    Ou si par trait de temps ils forcent la lumiere,
Si est-ce que sans nom, ils demeurent derriere,
Et ne sont iamais leus: car Phebus Apollon
Ne les a point touchez de son aspre éguillon.
Ils sont comme apprentis, lesquels n'ont peu atteindre
A la perfection d'escrire ny de peindre:
Sans plus ils gastent l'ancre, & broyant la couleur,
Barbouillent un portrait d'inutile ualeur.
    L'autre preside à ceux qui ont la fantasie
Esprise ardentement du feu de Poësie,
Qui n'abusent du nom, mais à la uerité
Sont remplis de frayeur & de diuinité.

Quatre ou cinq seulement sont apparus au monde
De Grecque nation, qui ont à la faconde
Accouplé le mystere, & d'un uoile diuers
Par fables ont caché le uray sens de leurs uers,
Afin que le uulgaire amy de l'ignorance
Ne comprist le mestier de leur belle science,
Vulgaire qui se mocque, & qui met à mespris
Les mysteres sacrez, quand il les a compris.

Ils furent les premiers, qui la Theologie,
Et le sçauoir hautain de nostre Astrologie
Par un art tressubtil de fables ont uoilé,
Et des yeux ignorans du peuple reculé.
Dieu les tient agitez, & iamais ne les laisse,
D'un aguillon ardant il les picque & les presse.
Ils ont les pieds à terre, & l'esprit dans les Cieux,
Le peuple les estime enragez, furieux,
Ils errent par les bois, par les monts, par les prees,
Et iouyssent tous seuls des Nymphes & des Fees.
Entre ces deux mestiers, un mestier s'est trouué,
Qui tenant le milieu, pour bon est approuué,
Et Dieu l'a concedé aux hommes, pour les faire
Apparoistre en renom par dessus le uulgaire,
Duquel se sont polu mille autres artisans,
Lesquels sont estimez entre les mieux disans,
Par un uers heroique ils ont mis en histoire
Des Princes & des Rois la proesse & la gloire:
Et comme seruiteurs de Belone & de Mars
Ont au son de leurs uers animé les soldars.
Ils ont sur l'eschaffaut par feinctes, presentee
La uie des humains en deux sortes chantee,
Imitant des grands Rois la triste affection

Et des peuples menus la commune action.
La plainte des Seigneurs fut dicte Tragedie,
L'action du commun fut dicte Comedie,
L'argument du Comicque est de toutes saisons,
Mais celuy du Tragicque est de peu de maisons.
D'Athenes, Troye, Argos, de Thebes & Mycenes
Sont pris les argumens qui conuiennent aux scenes.
Rome t'en a donné que nous uoyons icy
Et crains que les François ne t'en donnent aussi.

Iodelle le premier d'une plainte hardie
Françoisement chanta la Grecque Tragedie,
Puis en changeant de ton, chanta deuant nos Rois
La ieune Comedie en langage François,
Et si bien les sonna, que Sophocle & Menandre,
Tant fussent-ils sçauans, y eussent peu apprandre.
Et toy, GREVIN apres, toy mon GREVIN encor
Qui dores ton menton d'un petit crespe d'or,
A qui uingt & deux ans n'ont pas clos les annees,
Tu nous as toutesfois les Muses amenees,
Et nous as surmontez, qui sommes ia grisons,
Et qui pensions auoir Phebus en nos maisons.

Amour premierement te blessa la poictrine
Du dart uenant des yeux d'une beauté diuine,
Qu'en mille beaux papiers tu as chanté, à fin
Qu'une si belle ardeur ne prenne iamais fin.
Puis tu uoulus sçauoir des herbes la nature,
Tu te feis Medecin, & d'une ardente cure
Doublement agité, tu appris les mestiers
D'Apollon, qui t'estime & te suit uolontiers,
A fin qu'en nostre France, un seul GREVIN assemble
La docte Medecine & les uers tout ensemble.

A.iiij.

*CEnt & cent fois dans les Cieux*
*S'en ua d'une course errante*
*Mon esprit tout soucieux,*
*Depuis qu'à moy se presente*
*La grandeur de ton sçauoir,*
*Qui nous fait apperceuoir,*
*Que quelquefois la sagesse*
*Va compagnant la ieunesse.*

*Mais ie croy qu'il ne fault pas,*
*Pour le retenir en bride,*
*Poursuyure d'un uiste pas*
*Cest esgaré, qui se guide*
*Dedans l'air inconstamment:*
*Car il suffit seulement*
*De luy donner iouissance*
*De ton heureuse presence.*

*En toy le Ciel espandit*
*Tout' sa largesse feconde,*
*A l'heure qu'il te rendit*
*Nouuel hoste de ce monde,*
*Des ce iour il te feit tel,*
*Pour estre apres immortel,*
*Et nous donner à cognoistre*
*L'heureux aspect de ton estre.*

*Car soit que plus grauement*
*Tu rendes François Nicandre,*
*Ou parles du branslement,*
*Qui par compas uient estendre*
*L'infinité de son uol*
*Dessus l'un & l'autre Pol:*
*Soit que d'une belle histoire*
*Tu rameines la memoire:*

Ou soit que faict amoureux,
Tu fredonnes sur ta lyre
Les accens plus langoureux
De ton doux-aigre martyre:
Soit que rempli de fureur
Tu r'alumes dans ton cueur
Vne flame plus hardie
Pour sonner la Tragedie.

Soit qu'un peu plus rabaissé
Representant le uulgaire,
Tu nous aye compassé
Des uers, à fin de complaire,
En tes plus doctes escris,
Aux uns & aux autres espris:
Soit que tu plores & ries
Dedans tes Gelodacryes.

Tu fais tout si doctement,
Que nul n'est, qui ne desire
Ton heureux auancement,
Et qui ne t'aime & admire:
Qui ne recognoisse aussi
Naistre en soy ce doux souci,
Qui dans mon cueur, dans mon ame
De plus-en-plus se renflame.

C'est en toy donc, qu'il me fault
Rechercher mon ame errante,
Sans uouloir monter si hault,
Toy, G R E V I N, qui represente
Icy-bas ce que les Cieux
Tiennent de plus precieux,
Et que d'heureuse largesse
Ils meirent en ta ieunesse.

# GEORGIVS BVCHA-
## NANVS SCOTVS IN IACOBI
### Greuini Cæsarem Tragœdiam.


*Ne nimium spoliis placeas Cæsar tibi Gallis,*
  *En habet vltorem Gallia victa suum.*
*De Latio ducês ad patria templa triumphum*
  *Bacchi hederâ, lauro clarus Apollinea,*
*Greuinus statuit Phœbo Musisq; trophæum,*
  *Quod nulla euersum posteritate ruat.*
*Vtq; magis côstet victoria clara trophæum,*
  *Indutus spolius Cæsar es ipse tuis.*

# CESAR,

## TRAGEDIE PAR IAQVES GREVIN DE Cler-mont en Beauuaisis.

### ENTREPARLEVRS,

Cesar.
Marc Antoine.
Marc Brute.
Cassius.
Decime Brute.

Calpurnie.
La nourrice.
Le messager.
La troupe des sol-
dats de Cesar.

## ACTE PREMIER.

### CESAR.

Vel mal ua furetant aux moüel-
   les de mes os?
Quel soucy renaissant empesche
   mon repos?
Quel presage certain d'horreur,
   d'ennuis, de flàme,
D'ennemis, & de mort se mutine
   en mon ame?

Quel soufpeçon me tourmente? quelle frayeur me fuit,
Et regele toufiours mon fang à demi cuict?
Cefar, non plus Cefar, mais efclaue de crainte,
Vainqueur, nõ plus uaïqueur, mais ferf qui porte emprainte
La honte fur le front.     O premier Empereur!
Mais que dy-ie Empereur, puis qu'il fault uiure en peur?
Quoy! qu'au cueur de Cefar la crainte prenne place!
Non, il n'en fera rien: car cela feul efface
« L'hõneur de mes beaux faicts. Il uault biẽ mieux mourir
« Affeuré de tout poinct, qu'inceffamment perir
« Faulfement par la peur. Mais apres les uictoires
Acquifes à grand' peine, & apres tant de gloires,
Ne feray-ie obey? Ne donneray-ie fin
Au uouloir obftiné de ce peuple mutin?
C'eft trop uiure paoureux, c'eft par trop uiure en doute,
C'eft fuyure trop long temps celuy que ie redoute.
« Ainfi le plus fouuent on fe rend feruiteur,
« De ceux defquels on doit eftre le feul feigneur.
Mais n'eft-ce pas affez uefcu pour de ma gloire
Enfuyure heureufement une longue memoire?
Mais n'eft-ce pas affez qu'auoir par mes uertus
Rengé deffous mes loix les uainqueurs des uaincus?
N'eft-ce donc pas affez d'eftre craint de ceux mefme
Deuant qui de frayeur tout le monde uient blefme
Ce m'eft affez de uoir la Romaine hauteur
Ores eftre bornee auecque ma grandeur.
Ce m'eft, ce m'eft affez que de la terre & l'onde
I'ay uainqueur limité & Rome & tout le monde:
Vienne quand ell' uouldra, uienne la mort trencher
Le long fil de mes ans, ell' ne me peult fafcher.
Cefar qu'un chafcun craint, ne craint point ce paffage,

Ayant auant mourir contenté son courage.
Ie suis prest, ie suis prest, si le cruel Destin
M'a ia promis en proye à ce peuple Latin,
Qui a ueu malgré soy dessus son chef reluire
L'heureux auancement de mon premier empire.
Mais ne me say-ie tort, me bastissant en uain
Le dangereux assault d'une traistresse main?
Si fay, ie me fay tort, en me faisant entendre
Ce qu'un peuple ennemi n'oseroit entreprendre.
Aborder un Cesar, qui n'eut iamais haineur
Qui soudain ne sentit l'effort de sa fureur!
Aborder un Cesar, à qui n'est eschappee,
Sans d'elle se uanger, l'audace de Pompee!
Cesar, qui a domté tout cela que le Ciel
Enclost sous sa uouture, & s'est faict immortel
Par la mort d'un rebelle, accrauantant l'audace
De son gendre orgueilleux, & de toute sa race:
Et qui pour n'auoir ueu au monde qu'un Soleil,
Ne ne l'a uoulu souffrir ny plus grand ny pareil!
Aborder un Cesar, qui comme les tempestes
Foudroyent à l'instant & mille & mille testes,
Emmorcelant d'un coup le front plus orgueilleux
Des plus braues chasteaux qui menace it les Cieux,
S'est faict uoye au trauers de ceste masse ronde,
Arrondissant son heur par la rondeur du monde!
Aussi Cesar estoit seul digne d'un tel heur,
Que de tout l'uniuers il fust le seul seigneur.
L'Itale en sçait que dire, aussi font des Espaignes
Les peuples basanez, & toutes les campaignes
Ou Garonne, la Seine, & le Rhin desbordé
Resemblent au courir un cheual desbridé.

B.ij.

Tu as uefcu pour toy, & ce poinct te demeure,
Cefar, que par ta mort la mefme audace meure
De ceux à qui tu as librement pardonné,
S'il eft cruellement du Deftin ordonné,
Au mefchef de Cefar, qu'en ce grand mal extreme
Vn qui a tout uaincu foit uainqueur de foy-mefme.
Ces murs audacieux, ces grans palais Romains,
Maintenant feul horreur du refte des humains,
Sçauront apres ma mort de combien ma prefence
Sert pour contregarder leur antique puiffance.
Toy Rome qui as faict tout un monde trembler,
A ce monde tremblant tu pourras reffembler,
Heritant le Deftin de la grand' Phrygienne:
Et comme defpitant l'alte,Te Olympienne,
Malgré l'arreft du Ciel, l'horreur de ton fardeau
A ton heur & ton nom feruira de tombeau:
Et ne reftra finon que ton idole errante
Pour feruir d'une fable à l'aage furuiuante,
Dont tu feras la proye, & le riche butin
D'un grand peuple ennemi plus farouche & mutin.
Alors les grans trefors en publiques rapines
Seruiront pour un temps aux nations uoifines:
Et toy pauure, trop tard, trop tard regreteras
Les Guerriers que pour lors au fecours tu n'auras:
Te fentant atterrer, defauldra ton courage
Parmi tous les foldats, ainfi que d'un orage,
Ou d'un efclat de fouldre on uoit fouuentesfois
Defraciner les pins au milieu des grans bois.
Tu uerras maigré toy de tes poinctes hautaines,
Et de tes nourriffons enfemencer les plaines,
Sans qu'il en forte apres un feul pour te uanger,

Comme il feit de ces dens que lon ueit eschanger
Sur la riue estrangere, à l'heure que la terre
Enfanta tout subit la fraternelle guerre.
Mais ie pry tous les dieux d'estre estimé menteur,
Plustost que de predire un estrange malheur
A ceux qui suruiuront, ou que pour la malice
De quelques enuieux, la cruelle iustice
Des dieux iuste-uangeurs desserre son effort
Sur ceux là qui n'auront iamais causé ma mort.
Hé! quel bien leur uient-il, si bruslans d'une enuie
Ils font mourir celuy qui leur donna la uie?
Quel honneur, quel proffit, quel plaisir, quel bien-faict
Suyura l'auteur premier d'un si cruel mesfaict?
Mais plus tost un remors, un remors miserable
De la mort desireux talonnant ce coupable
Viendra ramenteuoir un antique desir
Allonguissant ses iours, lors qu'il uouldra mourir,
Se sentant trop heureux, si pour mieux luy complaire,
On auance sa mort ainsi qu'il ne ueult faire.

MARC ANTOINE.
La Grece entre ses heurs uanteuse publira
Vn Achille, un Hercule, & Troye n'oublira
La race de Priam: mais Rome pourra dire
Que de ces deuanciers le los ne peult suffire
Pour attaindre aux honneurs qu'un Cesar s'est acquis,
Ayant plus brauement tout un monde conquis,
Qu'Achille son Hector, qu'Alcide son Anthee,
Que Francus l'Alemagne & Gaule surmontee.
Heureuse Rome, heureuse ores d'auoir receu
L'heur du Ciel qu'un Cesar en tes bras fust conceu.
Heureux aussi Cesar maintenant ie te nomme,

Heureux cent mille fois d'estre né dedans Romme.
De Rome la grandeur un Cesar meritoit,
La grandeur de Cesar entre toutes estoit
Seule digne de Rome: & Cesar & la uille
Sont dignes de tenir ceste masse seruile.

### Cesar.

Si l'un & l'autre est digne, & que le lieu plus beau
De Rome, soit pour faire à Cesar un tombeau,
Il fault que de Cesar la mort qu'elle procure
Luy serue quant-&-quant de mesme sepulture:
Et s'il est ordonné par un arrest fatal,
Que cil dont les desseins, & le pouuoir esgal
Mesure son pouuoir par la mesme puissance
De la terre & du Ciel, usent trop de clemence,
Soit massacré des siens, il fauldra pour ce tort
Que la mort de Cesar soit de Rome la mort.

### M. Antoine.

Hé, ne l'est-ce pas ci qui songeart se promeine?
Il ne sera fasché de uoir son Marc Antoine.
Mais dites Empereur, seul honneur des Romains,
Qui le monde tenez paisible entre uos mains,
Quel desir, quel malheur dedans uous se mutine,
Apres auoir rangé tout ce que la courtine
De ce Ciel enuironne, & tout ce qu'Apollon
Esclarcit aux flambeaux du iournalier brandon?

### Cesar.

C'est peu d'auoir uaincu, puis qu'il fault uiure en doute.

### M. Antoine.

Mais s'en peult-il trouuer un qui ne uous redoute?

### Cesar.

» Celuy qu'un chascun craint se doit garder de tous,

« Car un chascun uoudroit le maſſacrer de coups.
#### M. Antoine.
Qui uoudroit uous garder de regner & de uiure,
Vous qui auez rendu toute Rome deliure,
Luy redonnant la uie auecque la ſeurté?
#### Ceſar.
« Ha! qu'il eſt malaiſé de regir liberté!
« Le cheual gallopant par la plaine ſans bride,
« Ne ſe laiſſe domter par celuy qui le guide,
« Les renes & le mors ne le tiennent ſubiet,
« Et n'ha que ſon uouloir ſeulement pour obiect.
#### M. Antoine.
Il fault tant ſeulement, il fault uoſtre preſence,
Qui ſeruira de frain à leur outrecuïdance,
Et ſi quelques deſirs en leurs cueurs allumez
Les rend audacieux encontre uous armez,
Vous ferez derechef le fer de uos batailles
Brauement deſtramper en leurs propres entrailles,
Là ou tout le pouuoir de ce peuple Latin
Se uerra pour iamais de Ceſar le butin.
#### Ceſar.
« La douceur ſied bien mieux pour finement combatre
« Le cueur audacieux d'un peuple opiniaⁱtre:
« Car d'autant que lon penſe uſer de cruauté,
« D'autant en ſon orgueil ſe rend-il incité.
#### M. Antoine.
Ouy, mais ſi la douceur n'y eſt la bien uenue,
La puiſſance ſera par force maintenue:
Ainſi a deuant uous le monarque Gregois
Rangé deſſous ſa main, la puiſſance des Rois:
Et or' uoſtre grandeur ne peult-elle ſuffire

Pour deſſus les Romains eſleuer un empire?
Ceſar qui auez faict tout un camp aſſembler,
Deuant qui lon a ueu tout le monde trembler,
Vous qui auez borné uoſtre grandeur acquiſe
Par le cours du Soleil, ⁊ par la froide bizeſ

Ceſar.

Laiſſons là ma grandeur, ⁊ l'effort de ma main,
Puiſque ie ſuis ſubiect à un peuple Romain,
Qui ſe reſent touſiours de ſon premier anceſtre.

M. Antoine.

Que demandoit-il mieux ſinon uous recognoiſtre
Pere de la patrie, ⁊ uous porter honneur,
Comme uous eſtes ſeul cauſe de ſa grandeur?

Ceſar.

Cela fait ſeulement qu'ores plus ie m'aſſeure
En ce diſcours douteux, depuis que ie meſure
L'honneur ⁊ les biens-faicts qu'il a receu de moy.

M. Antoine.

Non, non, n'eſtimez rien, n'eſtimez rien la foy
Que ie uous iuray lors, que ſortant d'Italie
En habit deſguiſé, au dangier de ma uie
Ie m'en allay uers uous, uous monſtrant le moyen
De domter aiſément ce peuple Italien:
Non, ne l'eſtimez rien, s'il ſe treuue un ſeul homme
Qui ne uous recognoiſſe eſtre ſeul, qui de Romme
Meritez entre tous l'entier gouuernement,
Et qui ne ſoit tout preſt à preſter le ſerment
Ainſi qu'il appartient à ſon Roy, à ſon Prince,
Et digne gouuerneur d'une telle prouince.

Ceſar.

Aduienne qui pourra, quand Ceſar ſera mort,

Quelque Cefar fera le uangeur d'un tel tort.

### M. Antoine.

Antoine ne ueult uiure apres fi grande iniure
Sans en eftre uangeur, des cefte heure il f'affeure
De mourir quelque iour fous le luifant harnois,
Pour defendre le droict du domteur des Gaulois.

### Cefar.

Mais laiffons ces deuis, & parlons de l'affaire,
Qui plus que tout cela fe monftre neceffaire:
Vous allez au Senat.

### M. Antoine.

Ia le Soleil eft hault,
Ce qui me fait hafter: puis uous fçauez qu'il fault
S'affembler auiourdhuy, & que uoftre prefence
Eft requife fur tout.

### Cefar.

Ie feray diligence,
Allez uous en deuant, & propofez toufiours
Mon deffein, tout ainfi qu'en fcauez le difcours.

# LA TROVPE DES
### foldats de Cefar.

### LE PREMIER.

Braues foldats, ou eft le temps?
Ou eft la fureur de nos ans?
Ou font les premieres tempeftes
Deuancieres de nos conqueftes?
Ou eft l'orage tournoyant?
Ou eft le froiffis abboyant
Le fein de Tethys courroucee,

Lors que d'un Aquilon chaffee
Aguifoit fes ondes aux cieux
Emmontaignees en cent lieux?
Ou eft la bataille trampee
A la pourfuyte de Pompee?

### Le fecond.

Ie refen encor' dedans moy
L'efguillon du premier efmoy,
Faire renaiftre cefte enuie
De remettre encores ma uie
Au hazard du premier danger:
Ie me refens encourager,
Tout preft de r'effayer la peine
Qui enfuit la poudreufe plaine:
Ie fen rallumer derechef
Ce qui nous feit leuer le chef
Entre les triomphes de gloire,
Qui enfuyuirent la uiƈtoire.

### Le premier.

« Ce n'eft feulement que l'honneur
« Qui refufcite la grandeur,
« Efguillonnant la braue audace
« D'une noble ет premiere race.
« L'honneur eft le feul nourricier
« De la proüeffe d'un guerrier,
« C'eft l'efperon qui feul le pique
« Defendant une Republique:
Toufiours par luy fe font efpris
Premiereme t les bons efpris,
Pour premiers ofer entreprendre
Le chemin foulé d'Alexandre.

### Le troisieme.

« La force ne uient d'autre part :
« Car incontinent qu'un soldart
« S'eſt mis deuant les yeux la gloire,
« Il tient à demi la uiƈtoire:
La force luy double, & le cueur
Se ſentant ia preſque uainqueur,
Luy enfle dedans la poiƈtrine,
Qui d'honneur & de gloire pleine
En luy fait apparoiſtre encor'
Les uaillantiſes d'un Heƈtor,
Et les proüeſſes dont Alcide
Vengea le Geant homicide.

### Le quatrieme.

Pendant que les premiers Gregois
Furent gouuernez par les Rois
Ialoux de ceſte belle gloire,
Ils eſtendirent leur uiƈtoire
Sur les plus farouches domtez,
Et de ces peuples ſurmontez
Se faiſant maiſtres, par le monde
S'eſpandit leur gloire feconde.
Ainſi le braue fils d'AEſon
Rapporta la riche toiſon,
Et d'une audace plus hautaine
Rama premier l'humide plaine.

### Le troiſieme.

La gloire feit premieremens
Bienheurer leur commencement:
Mais quant-&-quant que la pareſſe
Se feit de leurs neueux maiſtreſſe,

*La couardise des derniers*
*Vint desmentir les deuanciers :*
« *Car un champ uoire plus fertile*
« *Se rend en la fin inutile,*
« *Si le soc n'est souuent caché*
« *Au plus creux de son dos tranché.*

### Le quatrieme.

« *Iamais la semence feconde*
« *De ceux qui ont domté le monde*
« *Ne tint le loisir paresseux*
« *Auecque les biens des ayeux:*
« *Iamais de l'Aigle genereuse*
« *Ne uint la colombe paoureuse.*

### Le premier.

*Mais il fault craindre les malheurs*
*Qui suyuent souuent les uainqueurs,*
*C'est, que n'ayant plus resistance,*
*Eux-mesme contre leur puissance*
*Prennent les armes, encor' plus*
*Se font esclaues des uaincus.*

# ACTE SECOND.

### MARC BRVTE.

*Rome, iusques à quãd, iusques à quã l sera-ce,*
*Que tu pourras souffrir une nouuelle audace*
*Esleuer par sur toy le bras imperieux,*
*Auec l'impieté d'un chef presomptueux?*
*Quel souuenir te point? quel hõneur t'esguil-*
*Des ayeux, des neueux? quelle franchise ordonne* (lonne
*Que tu craignes celuy que soigneuse tu as*
*D'un soing plus curieux nourri entre tes bras?*

Encores plus, malheur! qu'il te tienne contrainíte
Sans qu'à tes nourriſſons tu en faces complainíte:
Qui pour te racheter du ſeruage inhumain,
Remettent ſus l'honneur du uieil peuple Romain.
Rome, n'as tu aſſez cogneu la conuoitiſe
Que Ceſar ua cachant deſſous une feintiſe?
Ce traiſtre, ce cruel, ceſt ingrat eshonté,
De qui la trahiſon auec la cruauté
Oncques ne ſceut cacher par menteur artifice
L'infame uolonté de ſon infame uice.

    Et toy, ô Dieu Guerrier, de qui nos deuanciers
En bon heur & grandeur furent les heritiers,
S'il te ſouuient de Rhee, & de tes fils beſſons,
Que tu as eſleué du milieu des buiſſons
Pour rebaſtir encor' une nouuelle Aſie,
Souuienne toy du ſort de ceſte tyrannie:
Remets deuant tes yeux les ſages Fabiens,
Les Metelles vaillans, & les Fabriciens,
Et ces deux qui premiers pour le ſalut publique
Se mirent au danger d'une meurtriere picque,
Et oſerent mourir de propre uolonté,
Pourueu que par leur mort l'honneur fuſt racheté.
Mais nous abaſtardis, trop indignes de naiſtre
Du moindre ſucceſſeur du moins uaillant anceſtre,
Nous endurons encor' au plus beau de nos ans
Reſuſciter l'orgueil des ſept premiers Tyrans.
Brute, reſouuien toy (puis que ſeul ie demeure
Qui ueuls pluſtoſt mourir que le Tyran ne meure)
Reſouuien toy du nom que tu has, & retiens
Encor' de la uertu de tous tes anciens:
Hé, Brute! retiens en, tout au moins, le courage

*Et ne te soüille ainsi d'un infame seruage.*
*Hé Brute!ton pays ne te peult-il mouuoir?*
*La uoix des citoyens n'ha elle le pouuoir*
*De t'enflamer le cueur trop abiect & seruile,*
*Te reprochant que Brute est absent de la uille?*
*Et,pauure!ce pendant tu la uois endurer,*
*Sans luy donner moyen de pouuoir esperer,*
*Ny des siens,ny de toy,qui contemne l'audace,*
*La noblesse & uertu de ton antique race.*

   *Non,qu'un tel deshonneur ne me soit reproché,*
*Que d'auoir patient trop longuement caché*
*Le uouloir qu'ay receu de ma premiere race,*
*Pour un iour estoufer ceste royale audace.*

    « *Non,on ne ueit iamais un homme de grand-ame*
  « *S'estre faict seruiteur:car l'honneur qui l'enflâme*
  « *Fait qu'il ne ueult iamais seruir à son pareil.*
*Et or' la liberté seruira de Soleil*
*A Brute,pour prouuer à chascun qu'il est homme,*
*Descendu de celuy qu'on regrette dans Romme.*

    „ *Le lyon que Lybie esleue entre ses bras,*
  „ *Le taureau,le cheual ne prestent le col bas*
  „ *A l'appetit d'un ioug,si ce n'est par contraincte:*
*Fauldra-il donc que Rome abbaisse sous la craincte*
*De ce nouueau Tyran le chef de sa grandeur,*
*Et face malgré soy ce qu'ils ont en horreur?*
*Rome effroy de ce monde,exemple des prouinces,*
*Laisse la tyrannie entre les mains des Princes*
*Du Barbare estranger,qui honneur luy fera,*
*Non pas Rome,pendant que Brute uiuera.*
*Rome ne peult seruir Brute uiuant en elle,*
*Et cachant dedans soy ceste antique querelle.*

Ce n'est assez que Brute aist arraché des mains
D'un Tarquin orgueilleux l'empire des Romains,
« S'il n'est contregardé.    Le neueu ne merite
« Estre heritier des biens, si l'ayeul ne l'excite
« A suyure sa uertu, & si auec les biens
« Il ne monstre le cueur de tous ses anciens.
Brute, monstre toy donc, & d'une belle gloire
Voüe auiourdhuy ta uie à la longue memoire:
Autrement tu n'es pas digne d'auoir uescu,
Si apres toy ne uist l'honneur d'auoir uaincu.
Brute, fais auiourdhuy, fay, fay que Cesar meure,
A fin qu'à tout iamais ta memoire demeure
Ennemie du nom de ce Tyran cruel,
Comme uiuant ie suis son ennemi mortel.
Et quand on parlera de Cesar & de Romme,
Qu'on se souuienne aussi qu'il a esté un homme,
Vn Brute, le uangeur de toute cruauté,
Qui aura d'un seul coup gaigné la liberté.
Quand on dira, Cesar fut maistre de l'empire,
Qu'on die quant-&-quant, Brute le sceut occire.
Quand on dira, Cesar fut premier Empereur,
Qu'on die quant-&-quant, Brute en fut le uangeur.
Ainsi puisse à iamais sa gloire estre suyuie
De celle qui sera sa mortelle ennemie.
Puissent à tout iamais ceux qui uiendront de nous
Sentir, en tel besoing, en leur cueur le courroux
Que ie couue dans moy, & dont iy l'estincelle,
Trop long temps patiente, auiourdhuy se décelle:
Puissent, puissent-ils uoir reflorir quelquefois
L'ennemi des Tyrans & des iniques Rois.

## CASSIVS.

O main trop otieuſe! ô fureur patiente!
Voire trop patiente, apres ſi longue attente.
Hé! que n'ay-ie deſia faict eſprouuer la mort
A ce Tyran cruel, pour nous uenger du tort
Qu'il a faict aux Romains? que n'ay-ie en ſes entrailles
Enterré le loyer de toutes les batailles,
Dont aux champs Eſpaignols il ſe ueit le uainqueur?
Que n'ay-ie, des quatre ans, faict faire de ſon cueur
Vn gallion flottant dedans le fleuue meſme
Que le ſang auroit faict delaiſſant le corps bleſme?
Mais ce n'eſt rien perdu, ſi encores l'amour
Que ie porte au pays ſe remonſtre à ce iour,
A ce iour bien heureux, qui aura ioüiſſance
De reuoir entre tous l'entiere deliurance
Du pouuoir, de l'honneur que toute antiquité
Auoit ſi bien acquis à ſa poſterité:
De reuoir les treſors que ce meſchant deſrobe,
Eſtre remis aux mains du peuple à longue robbe.
Et uous Brute, c'eſt or' qu'il fault que la uertu,
Qui a ſi longuement dedans uous combatu
Pour ſe monſtrer encor, uous face dedans Romme
Brauement eſprouuer ſi uous eſtes tel homme
Que noſtre nom teſmoigne, & ſi auec le nom
Vous cachez dans le cueur de ce premier brandon
Dont uos uaillans cyeux eurent l'ame eſchaufee.

## M. Brute.

Tant que l'impieté & l'audace eſtoufee
De ce Tyran iniuſte ayent pris fin par nous,
Ie ſomne diſtillant ne me peult eſtre doux,
Tant m'eſt à contrecueur le ſort de ce ſeruage.

Caſsius.

## Cassius.

Ie sen mon cueur, mon sang, mes esprits, mon courage,
Et rompre & bouillonner, & brusler, & bondir,
Tous coniurans en un, à fin de m'enhardir
A espuiser son sang, & de plus grand' audace
Et de pieds & de mains l'aborder face-à-face.
Armé d'un tel uouloir ie ueulx, ie ueulx cacher
La dague en sa poitrine, & ne l'en arracher
Sinon auec la uie, à fin que puisse dire,
Qu'auray tué d'un coup & Cesar & l'Empire.
   Tout ainsi qu'un lion qui descendant d'un bois,
Apres auoir oui une buglante uoix,
Vient sur l'herbe affronter auecque sa furie
Le taureau, dont à l'heure il desrobe la uie:
Ainsi ie ueux sur luy ma fureur attiser,
Et par un mesme coup ceste guerre appaiser.
Ce traistre rauisseur de la franchise antique,
Ce larron effronté de tout le bien publique,
Ne doit-il pas uomir sa rage auec le sang
Par une mesme playe? & estre mis au rang
Des haineurs du pays? il fault, il fault qu'il meure
Par ma main uangeresse, & ores qu'en mesme heure
Ie hazarde ma uie es mains des ennemis:
« Car celuy meurt heureux qui meurt pour son pays.
Mais qui nous entretient en si longue pensée,
Puis qu'il fault mettre fin à l'affaire pressée?
Si le Soleil leuant nous a ueu tormenté,
Il fault qu'à son coucher il uoye liberté
Remise par nos mains en sa uigueur plus forte:
Ie suis appareillé pour uous y faire escorte,
Et mettre le premier, quand il sera besoing,

Le courage en mon sang, & la dague en mon poing.
Parlez, que tardez uous? encore que ie sçache
Le but de uos desirs, & qu'en uous ne se cache
Vn cueur dissimulé, si ueux-ie bien sçauoir
Encore par la uoix quel est uostre uouloir.

### M. Brute.

Que demandez uous plus? uoulez uous d'auantage?
Puisque uous cognoissez de Brute le courage
C'est assez, c'est assez puisque auons arresté
Mourir ou rachepter l'antique liberté.

### DECIME BRVTE.

Que demeurons nous tant? ou est nostre asseurance?
Abusera-il encor de nostre patience?
Ce iour, ce iour heureux qu'auons tant desiré
Ores se rend à nous, & le bien esperé
Est encore à uenir! uoyci l'heure presente,
Et retenez encor uostre main patiente!

### M. Brute.

« Nous l'aurons assez tost, pourueu que l'ayons bien.

### D. Brute.

« Il ne fault point attendre, en ce pendant qu'un bien
« Commun aux Citoyens & à toute la patrie
« S'offre dans nostre main, & à soy nous conuie.
« Ne sçauez-uous pas bien que le plus grand seigneur
« Familier d'un Tyran, deuiendra seruiteur
« ncore qu'il soit libre? & uous si d'auantage
Vous hantez sous son toict, uous perdrez le courage,
Et deuiendrez son serf: Mettons donques la fin,
Sans d'auantage attendre, à son uouloir mutin.
N'endurons plus sur nous regner un Ganymede,
Et la moitié du lict de son Roy Nicomede:

Dont le iour est tesmoing, ou lon ne ueit monté
En triomphe celuy qui l'auroit surmonté:
Lors que la uoix des siens enseigna la premiere
Qu'il se falloit garder de ce chaque adultere,
D'un Egiste public, d'un commun rauisseur,
Qui ne pardonneroit uoire à sa propre sœur.
La Gaule le sçait bien, & l'en maudit encore:
L'AEgypte en est certaine, & sur la riue more
Inoé le tesmoigne, & encor ce meschant
Vit entre les Romains!

### Cassius.

Il sçaura qu'un trenchant
Peult par un mesme coup mettre fin à sa uie,
A son heur & malheur, sa force & son enuie.

### D.Brute.

Qu'attendez-uous donc plus?

### M.Brute.

Qu'il s'en uienne au Senat,
Là nous pourrons auoir matiere de debat,
Comme auons arresté.

### Cassius.

Encore qu'il demeure
Plus long temps à uenir, si fault-il bien qu'il meure.

### D.Brute.

Ie m'en uay au deuant, sans plus me tormenter,
Et trouueray moyen de le faire haster.

### M Brute.

Et nous en-ce-pendant d'une audace commune
Nous nous tiendrons tous pres d'essayer la fortune,
Et trouuerez à l'œuure un chascun attentif.

### Caſsius.

Mais i'ay ie ne ſçay quoy qui me detient penſif.
N'eſtes uous pas d'aduis que de force pareille
Nous abordions Antoine, à fin qu'il ne reſueille
L'orgueil de ce Tyran en ſes nouueaux amis?

### M. Brute.

Ie uous ay touſiours dict que ce n'eſt mon aduis.

### Caſsius.

Si ſeroit-ce bien faict, arrachans la racine
Auecque le gros tronc de tout' ceſte uermine,
De peur qu'ell' ne reuiue, ou que le pied laiſſé
Ne reſemble celuy qui l'auroit deuancé.

### M. Brute.

C'eſt aſſez, ſoyez preſt pendant que ie regarde
Que chaſcun de mes gens ſe tienne ſur ſa garde.

### Caſsius.

Tu uerras auiourdhuy, antique Palatin,
Eſchine Saturnale, & toy mont Auantin,
O croupe Quirinale, ô grandeur Celienne,
O Vimal ancien, & haulte Exquilienne,
Et uous arcs de triomphe, honneur d'antiquité,
Vous uerrez auiourdhuy renaiſtre liberté.

## LA TROVPE.

### Le premier ſoldat.

C'eſt ores que la terre toute
La grandeur de Ceſar redoute:
Soit ceſte part ou le Soleil
Retire ſon beau teinct uermeil,
Et l'or de ſa perruque blonde
Hors les bras de la prochaine onde,

Qui se ridant en mille plis,
Ore en œillets & ore en lis,
Et ore en roses uermeillettes,
Et mille petites fleurettes,
Semble qu'elle face l'amour
A Phebus le dieu porte-iour :
Soit celle part ou la carriere
Qu'il a ta delaissé derriere
Est esgale à celle qui suit,
Dont il uoit un peuple tout cuict,
Qu'il chasse à flammesches ardantes
Dans les cauernes noircissantes :
Soit celle part, ou s'abbaissant
Il ua nostre monde laissant,
Et à teste courbe il s'eslance,
S'absentant de nostre presence,
Afin d'abreuuer ses cheuaux,
Dedans le uentre des grans eaux.

## Le second.

Les campaignes Thessaliennes,
Et les bouches Egyptiennes
A l'aborder de sa fureur
Changerent leur blanche couleur :
Le Nil encores le redoute,
Ou ceux qui souloyent mettre en route
Les plus fors & plus auancez
Furent eux-mesmes repoußez,
Et chassez hors de leurs prouinces :
Ou de la chair des plus grans Princes,
Qui s'estoyent contre luy bandez
Furent les chiens auiandez.

### Le premier.

Mais n'auez uous point souuenance  
De quel cueur, de quelle constance  
Il aborda les plus felons,  
Et les plus braues esquadrons,  
Quand d'une diligente suyte  
Il meit ses ennemis en fuyte?

### Le troisieme.

Chose estrange! d'auoir batu  
Vn Pompee, dont la uertu  
Auoir faict preuue suffisante  
De sa proüesse renaissante.

### Le quatrieme.

Et plus estrange d'auoir ueu  
Vn tel Guerrier estre deceu,  
Apres auoir acquis la gloire  
De la Palestine victoire.

### Le second.

« Fortune qui entre ses mains  
« Va pesle-meslant les humains,  
« Enyure de pareils breuuages  
« En la parfin les grans courages.

### Le quatrieme.

« Le plus souuent les uertueux,  
« Les guerriers plus cheualeureux,  
« Font essay de la main puissante  
« De ceste Deesse inconstante,  
« Dont le uouloir est plus legier  
« Que les fleiches qui fendent l'air.

### Le troisieme.

Xerxe ce uaillant capitaine

Fleau de la Gregeoiſe plaine,
Qui premier oſa faire un pont
Sur les uagues de l'Heleſpont,
Pour paſſer ſa gendarmerie
En l'Europe ioincte à l'Aſie,
Luy grand Monarque & de grand cueur,
Apres auoir eſté uainqueur
Aux plaines & deuant les uilles,
Feit eſſay dans les Thermopyles
« Que fortune n'a pas touſiours
« Fauoriſé un heureux cours.

### Le premier.

Penſez uous pourtant ſi nous ſommes
L'horreur du demeurant des hommes,
Et que Ceſar ayant domté
Tout le monde, ſoit redouté,
Que ſoyons ſeurs de noſtre uie?
Penſez uous point que quelque enuie
Ne ſe couue ſecretement
Apres l'heureux auancement
De ſes deſirs? ſi fait, Fortune
Ne luy peult eſtre touſiours une,
Et crain bien qu'en noſtre malheur
Ell' ne deſſerre ſa fureur.

### Le ſecond.

Ainſi meit-elle la puiſſance
Des premiers Rois hors d'eſperance
De iamais remettre la main
Sur le col du peuple Romain.

# ACTE TROISIEME.

## CALPVRNIE.

As!qu'ay-ie souspeçonné!Nourrice,qu'ay-
ie ueu!
Quel malheur poursuyuant ay-ie auiour-
dhuy preueu!
De perdre mon Cesar!qu'un autre le me-
nace!
Qu'il soit cruellement meurtri deuant ma face!
Tué entre mes bras!las!ie sens eslancer
Pesle-mesle une peur au fond de mon penser.
Las!le cueur me default, & ie sen dans mes ueines
Le poison englacé dont elles sont ia pleines:
L'air m'est tout ennuyeux, & ne puis retirer
Le uent en l'estomac pour me faire parler:
Ie sen par tout le corps mes forces amoindries,
Serue,trop serue,helas!des craintes ennemies.
    O uous dieux familiers,si quelque soing uous tient,
Et si quelque amitié des hommes uous detient,
Ou uous peult inciter à estre fauorables
Pour le secours heureux des pauures miserables:
Ne permettez,bons dieux,que le iour resemblant
Soit en nostre malheur à ce songe sanglant:
Ne permettez,bons dieux,en luy quelque puissance,
Et que de l'aduenir il face demonstrance.
Le cueur,helas!me tremble, & la froide sueur,
Qui coule de mon corps me fait naistre une horreur,
Quand ie ne resouuien de ce qu'ay ueu en songe.
Ie sen dans ma poictrine un'humeur qui se plonge
Aux mouelles de mes os, & puis s'en ua glissant,

Tout ainsi qu'un serpent, par le corps palliffant:
Et ne fçay fouffeçonner quel malheur plus eftrange
Mon efprit me predit. Hé! quel deftin fe range
Alencontre de moy! Hé! pauurette, ie fuis
Femme du grand Cefar, & uiure ie ne puis
Libre de paßions, libre de toute crainte,
Qui me detient ainfi qu'une geenne contrainſte.
    « Heureux & plus heureux l'homme qui eſt content
« D'un petit bien acquis, & qui n'en ueult qu'autant
« Que fon train le requiert: las! il uit à fa table
« Toufiours accompagné d'un repos defirable:
« Il n'ha foucy d'autruy, l'efpoir des grans trefors,
« Ne luy ua martelant ny l'ame ny le corps:
« Il fe rit des plus grans, & leurs maux il efcoute,
« Il n'eft crainſt de perfonne, & perfonne il ne doute:
« Il uoit les grans feigneurs, & contemplant de loing
« Il rit leur conuoitife & leurs maux & leur foing:
« Il rit les uains honneurs qu'ils baftiffent en tefte,
« Dont les premiers de tous ils fentent la tempefte,
« Si le Ciel murmurant les uoit d'un mauuais œil
« Accablant tout d'un coup le bonheur & l'orgueil:
Comme ie preuoy bien noftre proche ruine,
Si le peuple Romain une fois fe mutine.
        LA NOVRRICE.
Comment, mon cher efmoy, que ueult ce nouueau dueil?
Que ueulent tant de pleurs efcoulans de noftre œil?
Quelle fubite peur uous furprend & martire?
Quelle frayeur, helas! noftre beau teinſt empire?
Que peult-il aduenir, pour lamenter fi fort,
A la femme de cil qui gouuerne le fort?

### Calpurnie.

Nourrice, ie ne ſcay quel deſtin me menace:
Mais une peur tremblante en ma poitrine efface
Tous les plaiſirs paſſez, & ce ſubit effroy
Semble quelque malheur predire contre moy.

### La nourrice.

Mais, pourquoy craignez uous? n'eſtes uous pas aimee
De uoſtre grand Ceſar, dont la puiſſance armee
Fait craindre Rome meſme, & qui ha ſous ſa main
Paiſible gouuerné tout ce peuple Romain
L'eſpace de quatre ans?

### Calpurnie.

Ie n'en ſuis plus heureuſe,
« Nourrice, car la crainĉte eſt plus imperieuſe,
« Que le pouuoir d'un Roy.

### La nourrice.

« Vous ſcauez que la peur
« Ne trouua iamais lieu ſinon en petit cueur.
Si donc uous reſentez un feu de uoſtre anceſtre,
Ne la laiſſez paoureuſe en uoſtre cueur renaiſtre:
Mais dites, ie uous pry, qui uous cauſe ces pleurs?

### Calpurnie.

Tant ſeulement un ſonge enaigrit mes douleurs.
    Deſia ſur noſtre pol ceſte eſtoille argentine,
Qui annonce le iour, entroit dans la courtine,
Dont ſe diſtille en nous le ſomne qui la ſuit,
Et ia ſ'eſtoyent paſſez les deux tiers de la nuiĉt,
Quand ie ſenty couler au plus creux de mes mouelles
Le ſomne gracieux, flatant de ſes deux ælles
Le plus fort de mon ſoing, & uoyci, ô bons dieux!
Vn eſtrange malheur preſent deuant mes yeux.

Nourrice, tenez moy, la force me delaisse,
Ie sen mon cueur estrainct ainsi qu'en une presse.
### La nourrice.
Madame, reprenez le courage laisse,
Et suyuez le propos comme auez commencé.
### Calpurnie.
Voyci entre mes bras, helas! le cueur me tremble,
Mon Cesar massacré, ainsi comme il me semble,
Le sang en toutes pars luy couloit de son corps,
Ne luy restant sinon la place entre les mors:
Ie m'esueille en sursault, & or' que ie le touche,
Si ne croy-ie pourtant qu'il soit dedans la couche:
Ie luy taste le bras, la poictrine & le flanc,
Et semble que tousiours ie me moüille en son sang:
Ie regarde entour moy, & ce qui plus m'estonne,
Ie uoy ma chambre ouuerte ou il n'y a personne.
Nourrice, de ceci que pourrois-ie penser,
Sinon que quelque mal nous uueille deuancer?
### La nourrice.
« Laissez cela, Madame, & pensez que la craincte
« Ne se doit appuyer sur une chose feincte:
« Le songe est un menteur, tout prest pour tormenter
« Cil qui facilement se laisse espouanter
Et quand il seroit uray ce qu'il uous represente,
Si est-ce qu'il ne fault s'en monstrer mal contente.
« Les dieux souuentesfois nous ueulent aduertir
« De ce qui nous menace, & y fault consentir,
« Plustost que desdaigner leur diuine puissance.
« Il uauldroit beaucoup mieux par une obeissance
« Appaiser leur courroux, que plorer plus long temps:
« Se prensenter à eux, & auecque l'encens

« Parfumer les autels des temples honorables:
« Car,Madame,les dieux ne sont inexorables.
Non,que ie soye de ceux qui ont opinion
Que uerité s'assemble auec la fiction,
Et qu'on doiue penser estre une chose uraye,
Ce qui en songes uains plus souuent nous effraye.
Et quant est de l'effroy qu'en songeant auez eu,
Comme uous racomptez,moins doit-il estre creu:
Car qui est celuy là qui porteroit enuie
Au pere tant humain de toute la patrie?
Mais qui est celuy-là,fust-il audacieux
Ainsi que les Geans,prest d'escheler les Cieux,
Qui est-il celuy-là qui osast entreprendre
D'affronter corps-à-corps le second Alexandre?
Laissez donc là ces pleurs,& comme un uent leger
Mettez esuanoüir tous uos songes en l'air.

Calpurnie.

Dieu uueille qu'ainsi soit,ma fidele nourrice,
Mais si fault-il pourtant,qu'auiourdhuy ie iouisse
Du don que ie demande,& dont ie l'ay prié:
Toutesfois il se rend tant serrément lié
Au profit du pays,qu'ores que ie le prie,
Si ne ueult-il pourtant contregarder sa uie.
Ie luy ay racompté ce qui m'est aduenu,
Mais sans en faire cas,il se sent plus tenu
Aux Romains qu'à soy-mesme,& chetiue ie doubte,
Que le trop grand amour qu'il leur porte,ne couste
La uie à mon Cesar.   Mais ne le uoy-ie pas?
Si est-ce qu'il me fault l'arrester de ce pas.
Mes prieres,helas! n'ont elles la puissance
De uous tenir un iour?

### Cesar.

Que ie mette asseurance
En ces songes menteurs! non, de Cesar le cueur
Ne sera uainement arresté par la peur.

### Calpurnie.

Aumoins si ne uoulez asseurer uostre uie,
Faites à tout le moins pour celle qui uous prie.
Mettez deuant uos yeux les presages certains,
Qui sont depuis n'aguere apparus aux Romains,
La teste de Capys, & les cheuaux sans brides
Plongez incessamment en leurs plainctes humides.

### Cesar.

Bien, puis que ie ne puis appaiser autrement
Le uouloir obstiné de ce fascheux torment,
Laissons pour ce iourdhuy nos desseins à parfaire:
Prenez que ie luy donne un iour pour luy complaire.

### D. Brute.

Magnanime Cesar, uous est-il aduenu
Ores d'estre dompté? uous qui auez tenu
Les guerres par dix ans contre l'audace fiere
D'un Barbare estranger, & or' par la priere
Qu'une femme uous fait, ie uous uoy surmonté!
Chose estrange! de uoir Cesar qui a domté
Les plus braues du monde, estre serf d'une femme.

   Ce n'est plus ce Cesar, qui d'une plus grand' ame
Foula dessous ses pieds & la gloire & l'honneur
Des sept bouches du Nil, & qui domta l'honneur
Des nourrissons du Rhin, & de ceste grand' plaine
Qui suit l'eau doux-coulante au grauier de la Seine.

   Les peuples ennemis pourront en ce pendant
Despiter les Romains à leur aise, attendant

*Les songes plus heureux d'une femme paoureuse.*
« *On dit, on dit bien uray, la femme imperieuse*
« *Fait plus auec les pleurs qu'un guerrier furieux,*
« *Depuis qu'elle a caché un uenin en ses yeux.*

Cesar.

*Ie me sens agité, ainsi qu'on uoit au uent*
*Vn nauire forcé, que le North ua suyuant:*
*Madame d'un costé me retient, & me prie*
*Que i'euite auiourdhuy le hazard de ma uie:*
*Brute d'autre costé me propose l'honneur:*
*Et ie sen dedans moy un magnanine cueur,*
*Qui m'empesche de croire aux songes d'une femme.*

   *Mais i'aime mieux la mort qu'endurer un tel blasme.*
*Croire en un songe uain!qu'il me soit reproché*
*Que i'aye trop paoureux dedans mon cueur caché*
*Vn uouloir affoibli!non pas tant que ie uiue,*
*Le Tybre ne uerra Cesar dessus sa riue*
*Amoindri de courage, & si i'aime bien mieux*
*Mourir tout en-un coup, qu'estre tousiours paoureux:*
*Ne men parlez donc plus, & pensez que la uie*
*Ne m'est tant que l'honneur.*

Calpurnie.

*Hé! pauure Calpurnie!*
*Tu dois bien maintenant leuant les mains aux cieux*
*Appuyer ton secours sur la pitié des dieux,*
*Puis qu'il n'en reste aucun en tes humbles prieres.*

La nourrice.

*Non non, si le pouuoir des nations plus fieres*
*Ne l'ont sceu estonner, ne pensez pas qu'il soit*
*Facile d'empescher les desseins qu'il concoit.*

Calpurnie.

Helas! ie le scay bien:mais allons, ma nourrrice,
Pour appaiser les dieux par un humble seruice.

## LA TROVPE.
### Le premier soldat.

Soldats, i'ay encor' souuenance
Qu'auez parlé de l'inconstance
De la deesse aux yeux bandez:
Mais ie uous prie regardez
S'il est possible qu'elle face
Tomber sur Cesar son audace:
Luy qui n'eut iamais un haineur
Qui n'aist esprouué sa fureur.

  Vous ueistes de quelle puissance
il s'est acquis la ioüissance
De ce grand empire Romain:
Puis uous le ueistes plus humain
Redonner librement la uie
A tout' ceste troupe bannie,
Qui auoit mis tout son effort
Pour luy faire sentir la mort.

### Le second.

Mais i'ay souuent entendu dire
« Que cil qui arrache un empire
« D'entre les mains de liberté,
« Se uoit en la fin tormenté:
« Et que tousiours la mort sanglante
« Suit une force renaissante.

### Le premier.

« Tousiours, tousiours l'estat des Rois
« Est plein de perils & d'effrois,

« De meurtres, de sang & querelle,
« Et iamais de mort naturelle
« Ils n'allerent paisiblement
« Dans le uentre d'un monument.
Soldats, tout ce que ie propose
Ne se dit point pour autre chose,
Sinon que ie scay de long temps,
Que quelques-uns sont aspirans
A une franchise premiere :
Et cela me donne matiere
De soufpçonner quelques malheurs,
Considerant aussi les pleurs
Et la crainte de Calpurnie.

### Le second.

La pauurette craint que la uie
Ne luy soit inhumainement
Auecque le gouuernement
En un mesme iour arrachee.

### Le premier.

Elle s'en-ua toute faschee
Tordant ses bras, la larme à l'œil,
Et demeine un estrange dueil
De ce qu'il ne l'a uoulu croire.

### Le quatrieme.

Si i'ay encor' bonne memoire,
I'ay entendu que les Troyens
Ne feirent compte des moyens
Dont les aduertissoit Cassandre,
Pour ne se uoir reduicts en cendre,
Dont les menaçoyent les Gregeois.

### Lè second.

### Le second.

Ceste prophete quelquefois
S'en courut toute escheuelee,
Et d'une fureur esbranlee
Predisoit à tout son païs,
Que la raine de Paris
Portoit une commune playe
Pour toute la uille de Troye.

### Le premier.

Ell' ne fut creue, & sur leur port
Ils ueirent le prochain effort
De toute l'Europe embrasée,
Leur uille tout soudain rasee,
Les palais, les murs, & les forts
Proye des plus cruels efforts
De mille deuorantes flames.

### Le quatrieme.

Et puis on pense que les femmes
Ne soyent pourrueues de conseil,
Et ie crain qu'un mesme soleil
Ne laist ueue un malheur predire,
Et qu'il ne uoye ceste empire
Cruellement ensanglanté
Sous l'ombre d'une liberté.

## ACTE QVATRIEME.

### CALPVRNIE.

**M**Ais dont me peult uenir ce subit treblemẽt?
Cest effroy redoublé, & cest estonnement?

### LE MESSAGIER.

Quel tourbillon de uẽt me rauira de terre?
Quelle espesse nuee, & quel aspre tonnerre

Me boucheront d'un coup *&* l'oreille *&* les yeux,
Pour ne uoir ny ouir un faiſt ſi malheureux?
O trop cruel deſtin! horrible, deteſtable!
O maiſon de Ceſar *&* pauure *&* miſerable!

     Calpurnie.

Hé! nourrice, il eſt mort.

     La nourrice.

Preſtez icy la main,
Elle eſt eſuanoüye.

     Calpurnie.

O deſaſtre inhumain!

     La nourrice.

Ne craignez rien, Madame, il eſt encor' en uie.

     Calpurnie.

Ne me celez plus rien, auſſi bien ay-ie enuie
De m'en aller apres: meſſagier, pourſuyuez
A racompter ces maux ainſi que les ſçauez.

     Le meſſagier.

Hé! fault-il que ie ſois d'un malheur tant eſtrange
Le rapporteur? Ie ſen une uoix qui ſe change
Trembloyante en ma bouche, ainſi qu'on uoit ſouuent
Les roſeaux ſe ployer ſous le ſouſpir du uent.
 Mais puiſqu' il eſt ainſi, *&* que la mort celee
N'eſt que pour enaigrir une fureur meſlee
Auecque le ſouſpeçon, ie diray ce qu'ay ueu:
 Voſtre Ceſar ſortant d'auec uous a receu
Vn liure pour preſent, auecque la priere
De le lire ſur l'heure, ô l'aſſeurance entiere!
Il n'en a fuiſt grand compte: *&* en ce meſme eſtat
Sans faire ſacrifice eſt entré au Senat:
Là touſiours importun Cimbe Tulle ſ'oppoſe
a ſon chemin, feignant luy uouloir quelque choſe,

Luy presente un placet, & tousiours le poursuit,
Tout ainsi qu'un poullain quand la poutref enfuit.
Or le pressant ainsi en sa requeste feincte,
Vostre Cesar a dict, c'est bien plus tost contraincte
Que priere, & alors Casca tout furieux,
La dague dans la main, la fureur dans les yeux
Qu'il roüilloit çà & là, luy a ceste meurtriere
Caché dedans la gorge, & d'audace plus fiere
Brute le secondant la d'un coup arresté,
Luy faisant esprouuer la mesme cruauté:
Mais le pauure Cesar uoyant la resistance
Ne luy pouuoir seruir contre telle puissance,
S'est caché de sa robbe, & en ce grief torment
A prins garde sur tout de choir honnestement.

### Calpurnie.

O changement estrange! ò cruelle iournee!
O songe, non plus songe, ains uerité donnee
Trop ueritablement! que mon Cesar soit mort
Par le glaiue de Brute! O miserable sort!
Est ce ainsi que le ciel nos fortunes balance?
Est ce ainsi qu'un bien-faict le bien-faict recompense?
Ceux qu'il a maintenus, ceux qu'il a esleuez,
Ausquels il s'est fié, sont les premiers trouuez
Coulpables de sa mort. Que maintenant la terre
Se départisse en deux, à fin qu'elle m'enserre
Au plus creux de son uentre, & qu'en un mesme iour
Le gendre de Ceres noüs uoye en son seiour.
Venez doncques à moy, uenez faux homicides
Destramper uostre rage en mes ueines humides,
Vien, uien d'un mesme fer percer mon pauure cueur,
Brute: car autrement tu ne seras uainqueur

*De mon mari Cesar, i'en suis une partie*
*Qui reste encor' uiuante: arrache donc ma uie*
*Coronnant ton messaict, puis qu'une mesme main*
*A massacré celuy qui te fut tant humain:*
*Ne refuse la mort: fais, helas! que ie meure,*
*A fin que plus long temps pauure ie ne demeure*
*Entre mille malheurs, que desia ie preuoy*
*En mille & mille pars s'esleuer contre moy.*

### La nourrice.

*Madame, entrons dedans, craignant que la furie*
*N'enaigrisse tousiours leur audace ennemie*
*Contre nostre maison: n'arrestons plus icy.*

### Calpurnie.

*Ie ueux bien que la mort arreste mon souci:*
*Car aussi bien la mort seulement me contente,*
*Puisque Cesar mourant tient en soy mon attente,*
*Et mon espoir heureux.*

### Le messagier.

*C'est or', c'est or' qu'il fault*
*Que les cercles dorez qui tournoyent là hault*
*Sur les piuots du monde, & tout ce que la terre*
*Douce mere de tous en son giron enserre,*
*Plore dessus la mort de ce grand Empereur,*
*Portant que ce desastre est un commun malheur.*

*Et toy, Flambeau des iours, compasseur des annees,*
*Retien pour quelque temps tes flammes ordonnees,*
*Et ne les soüille ainsi, couure d'obscurité*
*Les rays estincellans de ta belle clarté.*

*Et uous traistres, ingrats, uous ennemis publiques,*
*Vous qui resuscitez les pauuretez antiques,*
*Puissiez-uous à iamais dechassez d'un chascun,*

Mendians de secours, estre argument commun
De toute impieté: puißiez uous par le monde
Viure piteusement la uie uagabonde:
Puisse ceste fureur qui arma les Thebains
Vous mettre derechef le glaiue dans les mains
Pour uous entretuer: qu'il ne se treuue Prince
Qui uous uueille endurer uiure dans sa prouince:
Que le pouuoir des dieux, & leur iuste courroux,
Pour un si grand messaict, redouble contre uous.
En puißiez uous chanter la uictoire Cadmee,
Captifs en la parfin d'une plus forte armee.

## LA TROVPE.
### Le premier soldat.

Quand ie remets deuant mes yeux
L'estat des hommes soucieux,
« Et qu'il fault apres tant de peines,
« Tant de destresses inhumaines
« Laisser couler le plus souuent
« La uie, ainsi comme un grand uent
« Se laisse choir, si quelque nue
« Distille la pluye menue:
Quand ie uoy qu'apres tant de maux,
Il fault aller gouster les eaux,
Qui d'une inegalle cadence
Roulent au fleuue d'oubliance,
Ie sens une pitié dans moy,
Qui redouble un fascheux esmoy
Iusques au plus creux de mes mouelles.
### Le troisieme.
« C'est le sort des choses mortelles,

« Et qui plus eſt, de prendre fin
« Incontineut, que le Deſtin
« Les tient au hault de l'eſperance:
« Telle eſt la diuine ordonnance,
« Et auons ces malheurs receus
« Des l'heure que fuſmes conceus.

### Le quatrieme.

Nous auons beau nous en debatre:
« Car la nature eſt plus maraſtre
« Aux hommes, qu'aux aultre' animaux
« Et ſemble que par les trauaux
« Nous payons aſſez la raiſon
« Qu'elle nous donna.

### Le ſecond.

La ſaiſon
Ou nous ſommes nous en fait ſages:
Et en uoyons bien les preſages
En ceux qui ſont les gouuerneurs
Du peuple, & qui ont les honneurs.

### Le troiſieme.

« Tant ſeulement pour ceſte gloire
« Ils ſont ialoux de la uictoire,
Mais le ſoldat eſt plus heureux
Encor'qu'il ne ſoit glorieux:
Plus content il quiert la fortune,
Et n'eſt ſubiect a la commune,
Si l'eſtat n'eſt bien gouuerné.

### Le quatrieme.

Ainſi le ciel la ordonné,
Et ne trouuons nous guere Prince
Qui au plus beau de ſa prouince,

*Et lors qu'il se pense asseuré,*
*N'aist la mesme mort enduré.*

## ACTE CINQVIEME.

### MARC BRVTE.

E Tyran est tué, la liberté remise,
Et Rome a regaigné sa premiere franchise.
Ce Tyran, ce Cesar ennemi du Senat,
Oppresseur du pays, qui de son Consulat
Auoit faict heritage, & de la Republique
Vne commune uente en sa seule pratique,
Ce bourreau d'innocens, ruine de nos loix,
La terreur des Romains, & le poison des droicts,
Ambitieux d'honneur, qui monstrant son enuie
S'estoit faict appeler Pere de la patrie,
Et Consul à iamais, à iamais Dictateur,
Et pour comble de tout, du surnom d'Empereur.
Il est mort ce meschant, qui decelant sa rage
Se feit impudemment esleuer un image
Entre les Rois, aussi il a eu le loyer
Par une mesme main qu'eut Tarquin le dernier.
Respire donc à l'aise, ô liberté Romaine,
Respire librement sans la crainte inhumaine
D'un Tyran connuoiteux. Voyla, uoyla la main,
Dont ore est affranchi tout le peuple Romain.

### Cassius.

Citoyens, uoyez cy ceste dague sanglante,
C'est elle, Citoyens, c'est elle qui se uante
Auoir faict son deuoir, puisqu'elle a massacré
Celuy qui mesprisoit l'Aruspice sacré,

D.iiij.

Se uantant qu'il pouuoit malgré tous les plus sages
Changer à son uouloir les asseurez presages.
Nous auons accompli massacrant ce felon,
Ce que le grand Hercul' accomplit au lyon,
Au sanglier d'Erymante, & en l'hydre obstinee
Monstre sept fois testu, & uangeance ordonnee
Par Iunou sa marastre.	Allez donc, Citoyens,
Reprendre maintenant tous uos droicts anciens.

### D. Brute.

Puissent pour tout iamais ainsi perdre la uie
Ceux qui trop conuoiteux couueront une enuie
Pareille à celle là: puissent pour tout iamais
Perdre d'un pareil coup leur gloire & leurs beaux faicts.
« Ainsi, ainsi mourront, non de mort naturelle,
« Ceux qui uoudront bastir leur puissance nouuelle
« Dessus la liberté: car ainsi les tirans
« Finent le plus souuent le dessein de leurs ans.

### Cassius.

Allons au Capitole, allons en diligence,
Et premiers en prenons l'entiere ioüissance.

### M. ANTOINE.

I'inuoque des Fureurs la plus grande fureur,
I'inuoque le Chaös de l'eternelle horreur,
I'inuoque l'Acheron, le Styx, & le Cochyte,
Et si quelque aultre Dieu sous les enfers habite
Iuste-uangeur des maux, ie les inuoque tous,
Homicides cruels, pour se uanger de uous.
Hé, Traistres est-ce donc l'amitié ordonnee
De desrober la uie à qui uous la donnee?
Auez uous sceu si bien espier la saison
Pour mettre en son effect la feincte trahison

Conceue des long temps dedans noſtre poictrine,
Seule qui nous enfante une orgueilleuſe Erynne!
I'atteſte icy le Ciel ſeul iuſte balanceur
De tout noſtre fortune, & liberal donneur
Des victoires, des biens, de l'heur, & de la uie,
Qu'ainſi ne demourra ceſte faulte impunie,
Tant qu'Antoine ſera non moins iuſte que fort.
    Et nous, braues ſoldats, uoyez, uoyez quel tort
On nous a faict, uoyez ceſte robbe ſanglante,
C'eſt celle de Ceſar qu'ores ie uous preſente:
C'eſt celle de Ceſar magnanime Empereur,
Vray guerrier entre tous, Ceſar qui d'un grand cueur
S'acquit auecque uous l'entiere iouiſſance
Du monde: maintenant a perdu ſa puiſſance,
Et giſt mort eſtendu, maſſacré pauurement
Par l'homicide Brute.

## Le premier ſoldat.

Armons nous ſur ce traiſtre,
Armes, armes ſoldats, mourons pour noſtre maiſtre,
Si iamais nous auons croiſez les ennemis
Aux froiſſis des harnois, ſi nous nous ſommes mis
Quelquefois au danger d'une trenchante eſpee,
Lors que nous pourſuyuions la route de Pompee,
C'eſt maintenant ſoldats qu'il nous fault hazarder,
Voire plus promptement que n'eſt le commander.

## M. Antoine.

Sus doncques, ſuyuez moy, & donnez teſmoignage
De noſtre naturel, & de noſtre courage
Pour Ceſar, ne craignans de tomber au danger
De noſtre propre mort pour la ſienne uanger.
Moy, ie n'ay remonſtrer à ce peuple de Romme

Quels malheurs nous promet la perte d'un tel homme,
Si elle n'est uangee ainsi qu'il appartient.
                Le premier.
Voyez uous bien soldats, encor' il me souuient
De nos propos tenus, qui comme un seur presage
Et certain messager d'un euident n'aufrage,
Nous ont predict au uray l'homicide commis,
De long temps machiné par ses propres amis,
Aumoins qu'il pensoit siens.
                Le premier.
« Ceste mort est fatale
« Aux nouueaux inuenteurs de puissance Royale.


# FIN.

# AV LECTEVR.

L A liberté des Poëtes Comiques a tousiours esté telle, que souuentesfois ils ont
vsé de mots assez grossiers, de sentences
& manieres de parler reiectees de la boutique des mieux disans, ou de ceux qui pésent
mieux dire : ce que parauenture lon pourra
trouuer lisant mes Comedies. Mais pourtant
il ne se fault renfrongner, car il n'est pas icy
question de farder la langue d'un mercadant,
d'un seruiteur ou d'une chambriere, & moins
orner le langage du uulgaire, lequel a plustost
dict un mot que pensé. Seulement le Comique
se propose de representer la verité & naïueté
de sa langue, comme les mœurs, les conditions
& les estats de ceux qu'il met en ieu sans toutesfois faire tort à sa pureté, laquelle est plustost entre le uulgaire (ie dy si lon châge quelques mots qui resentent leur terroir) qu'entre
ces Courtizâs, qui pésent auoir faict un beau
coup, quãd ils ont arraché la peau de quelque

mot Latin, pour déguiser le François, qui n'ha
aucune grace (disent-ils) s'il ne donne à songer
aux femmes, comme s'ils prenoyent plaisir de
n'estre point entĕdus.   Tu ne trouueras donc
estrange, Lecteur, si en ces Comedies tu ne
trouues vn langage recherché curieusement,
& enrichi des plumes d'autruy: car ie ne suis
point de ceux qui font parler vn cuisinier des
choses celestes & descriptions des temps &
des saisons : ou bien vne simple chambriere
Françoise des amours de Iupiter auec Leda,
& des vaillantises d'Alexandre le grand . Ie
me contente seulement de donner aux François la Comedie en telle pureté qu'ancienne-
mĕt l'ŏt baillee Aristophane aux Grecs, Plaute & Terence aux Romains . Ce que ie me
suis proposé tousiours en escriuant ce poëme,
ainsi qu'ont peu apperceuoir ceux qui ont veu
la Maubertine premiere Comedie que ie
mis en ieu, & que i'auoye bien deliberé te
donner, si elle ne m'eust esté desrobee . Toutesfois celles cy pourront suffire pour mon-

strer le chemin à ceux qui viendront apres nous. Tu peux donc maintenãt, ami Lecteur, aduerti de ce poinct, te mettre à lire ce Poëme: & si tu trouues quelque chose qui ne soit à ton goust, souuienne toy que ce n'est chose estrange, si ceux qui vont les premiers en vn desert, & pays incogneu, se fouruoyent souuentesfois de leur chemin.

# LA
# TRESORIERE,
## COMEDIE PAR
### IAQVES GREVIN DE
### Cler-môt en Beauuaisis.

ENTREPARLEVRS,

| | |
|---|---|
| Loys, | *Gentilhomme.* |
| Richard, | *Seruiteur.* |
| Le Treforier. | |
| Marie, | *Fille de chambre de la* |
| Le Protenotaire. | *Treforiere.* |
| Boniface, | *Seruiteur.* |
| Conftante, | *Treforiere.* |
| Sulpice, | *Marchand.* |
| Thomas, | *Seruiteur.* |

CESTE COMEDIE FVT FAICTE
PAR LE COMMANDEMENT DV
ROY HENRI II. POVR SERVIR
AVX NOPCES DE MADAME
CLAVDE DVCHESSE DE LOR-
RAINE, MAIS POVR QVEL-
QVES EMPESCHEMENS DIFFE-
REE: ET DEPVIS MISE EN
IEV A PARIS AV COLLEGE
DE BEAVVAIS, APRES LA SA-
TYRE QV'ON APPELLE COM-
MVNEEMENT LES VEAVX, LE
V. DE FEVRIER, M. D. LVIII.

## AVANT-IEV.

Non, ce n'est pas de nous qu'il fault,
Pour accomplir cest eschaffault,
Attendre les farces prisees
Qu'on a tousiours moralisees:
Car ce n'est nostre intention
De mesler la religion
Dans le subiect des choses feinctes.
Aufsi iamais les lettres Sainctes

Ne furent donnees de Dieu,
Pour en faire apres quelque ieu.
Et puis tout' ces farces badines
Me semblent estre trop indignes
Pour estre mises au deuant
Des yeux d'vn homme plus sçauant.
   Celuy donc qui vouldra complaire
Tant seulement au populaire,
Celuy choisira les erreurs
Des plus ignorans basteleurs:
Il introduira la Nature,
Le Genre-humain, l'Agriculture,
Vn Tout, vn Rien, & vn Chascun,
Le Faux-parler, le Bruict-commun,
Et telles choses qu'ignorance
Iadis mesla parmi la France.
   Que pourrons nous donc inuenter
A fin de chascun contenter?
Quoy? le badinage inutile
Par qui quelquefois Martin-Ville
Se feit escouter de son temps?
Quoy? demandez vous ces Romans
Iouer d'vne aussi sotte grace,
Que sotte est ceste populace
De qui tous seuls ils sont prisez,
Vous estes bien mieux auisez,
Comme ie croy: vostre presence

Merite

Merite auoir la iouïssance
D'vn discours qui soit mieux limé.
Aussi auons-nous estimé,
Que la gentille Poësie
Veult vne matiere choisie
Digne d'estre mise aux escrits,
De ceux qui ont meilleurs esprits:
Et non pour estre ainsi souillee,
Ou en mille pars detaillee
Par ceux qui encor' ne l'ont pas
Saluee du premier pas:
Et qui pensent malgré Minerue
La retenir ainsi que serue,
Ou dans l'escole la lier
Ainsi qu'vn petit escolier.
Non,non,ce n'est pas sa nature
Qu'elle s'en voise à l'auanture
Vers celuy qui la veult auoir.
Il fault premierement sçauoir
Petit-à-petit sa pensee:
Car ell' ne veult estre forcee,
Ny traictee,comme souuent
Nous l'auons veue au parauant
Au ioug d'vne plume marastre.
    N'attendez donc en ce Theatre
Ne farce ne moralité:
Mais seulement l'antiquité,

Qui d'vne face plus hardie
Se reprefente en Comedie:
Car onc ie ne pourroy penfer,
Qu'aucun fe voulut courroucer
Encontre nous,fi pour mieux faire
Nous voulons aux doctes complaire.

   Or fçachez qu'en tout ce difcours
Nous reprefentons les amours
Et la fineffe couftumiere
D'vne gentille Treforiere,
Dont le meftier eft defcouuert
Non loing de la place Maubert.
Vray eft que le Protenotaire,
Principal de tout' cefte affaire,
Eft de noftre vniuerfité.

   Mais i'ay vn peu trop arrefté,
Il vault mieux auec le filence
Vous en donner la ioüiffance.

# ACTE PREMIER.

## SCENE I.

### LOYS, RICHARD.

ET bien Richard, quelle nouuelle
Apportes-tu de ma Cruelle?
Veult-elle dõcque estre tousiours
Ainsi paoureuse en ses amours?

#### Richard.

Mõsieur, ie croy que la pauurette
Sans aucun repos uous souhaitte
Entre ses bras, uoulez uo* mieux?

#### Loys.

Ie pensé moy que tous les Dieux
Prennent plaisir en mon martire:
Incessamment mon mal empire,
Sans toutesfois auoir cest heur
D'appaiser mon amour uainqueur.

#### Richard.

Non non, monsieur, i'ay esperance
Que uous en aurez ioüissance
En peu de temps. Laissez moy faire,
C'est mon office, dont i'espere
En faire si bien mon deuoir.

#### Loys.

Ouy, mais tousiours le uain espoir
Trompe ma trop grande constance
Au milieu de mon impuissance.

#### Richard.

Vrayment une telle beauté
A bien un amant merité:

E.ij.

Et d'autant qu'estes languissant,
D'autant quand serez iouissant
Le plaisir sera desirable.
                Loys.
Mais tousiours pauure miserable
Le iour ie me mourray cent fois
Pour son amour, & touteffois
Desia ie preuoy que l'yssue
Sera de quelque maigre ueue.
Cela ne uient point que ma race
Ne fust digne d'auoir la grace
D'une dame de plus hault lieu:
C'est, c'est bien plustost quelque dieu
Qui me cachoit dedans son sein
L'impuissance de mon dessein.
                Richard.
Monsieur, ie me tiendrois heureux
De mourir estant amoureux
D'une si parfaicte beauté.
                Loys.
Richard, Richard, la cruauté
De cest Archerot qui me domte
Selon son fier desir, surmonte
L'extreme douleur de la mort.
                Richard.
Nous sommes en cela d'accord:
Mais à ceste longue esperance
Opposez uostre iouissance.
                Loys.
Encore, Richard, ie t'asseure
Que tout le malheur que i'endure

N'eſt rien, ſi tu peux faire tant
Qu'en la parfin ie ſois content
#### Richard.
Ce n'eſt pas moy qu'il fault prier:
Il ne tient qu'à ce Treſorier.
#### Loys.
Le mari eſt-il aduerti?
#### Richard.
Non non, mais il n'eſt pas parti
Ainſi qu'elle penſoit.
#### Loys.
Comment?
#### Richard.
Pour ſ'en aller faire un payment
En Languedoc. Luy deſlogé,
Voſtre malheur ſera changé
En un perdurable plaiſir:
Car alors uous aurez loiſir
De recouurer le temps perdu.
Si auez long temps attendu,
Reprenez hardiment courage.
#### Loys.
Ha Richard, pourquoy d'auantage
As-tu celé mon doux repos?
#### Richard.
Il ne uenoit pas à propos:
Encore uoſtre ioye augmente
De plus en plus par ceſte attente.
Et ſi ie m'en rapporte à uous,
Si uous ne trouuez pas plus doux
Le plaiſir, par le tardement,

Que n'eußiez au commencement.
#### Loys.
Vrayment Richard, pour ton deuoir
Tu merites de receuoir
D'un plus grand seigneur le loyer.
#### Richard.
Monsieur, il ne fault qu'employer
Richard, quand il est question
De conduire une faction:
« Außi le seruiteur doit faire,
« Pour à son bon maistre complaire,
« Le deuoir comme il appartient
« Iusques à la mort, s'il conuient
« L'endurer pour l'amour de luy.
#### Loys.
Mais dy, Richard, est-ce auiourdhuy
Que nostre Tresorier se part?
#### Richard.
Penseriez-uous bien que Richard
Vous le dist s'il n'estoit ainsi?
Vie, mettcz moy tout souci
Sous le pied.
#### Loys.
Mais ce Tresorier
Me doit encore mon quartier:
Il fault que tu sois diligent
De recouurer tout cest argent
Auant qu'il parte: & qui plus est
Ie luy payray son interest,
S'il ueult faire du rigoureux:
Car à ces braues glorieux

Il fault quitter une moitié
Pour auoir l'autre.
### Richard.
L'amitié
Vault bien cela,c'est pour l'usage .
De son ennuyeux coquage.
### Loys.
Va-t'en uers luy,uoyla quittance:
Que s'il ueult faire quelque auance,
Promets luy le uin hardiment.
### Richard.
Ie m'y en uay.
### Loys.
Pareillement
Fay les recommandations
De mes iournelles paßions,
A ma damoiselle & maistreße:
Que si de ma longue destreße
Elle ha quelque compaßion,
Qu'ell' me donne aßignation
Pour par un doux contentement
Mettre la fin à mon torment.
### Richard.
Mon maistre ha bien ce qu'il luy fault,
Encore qu'il ait le cueur hault,
Et qu'il ne ueuille estre domté,
Si est-ce qu'il est surmonté
Par une femme außi commune
Que les diuers cours de la Lune.
    Elle peult tant enuers mon maistre,
Que par babil ell' l'a faict estre

Vn parangon de pauureté:
Et sous l'ombre d'une beauté,
Qu'elle uend plus cher qu'au marché,
Elle luy a ia arraché
Les biens, l'honneur, & les amis:
C'est une mer, ou il a mis
Mille tresors qu'elle deuore,
Sans les regorger & encore
Qu'il luy donne tant qu'il uouldra,
De rien plus il n'en aduiendra
A mon maistre qu'elle deçoit,
Ny à elle qui le reçoit.
Et ce pendant, mille langueurs,
Et milles amoureaux vainqueurs
Tormentans son cueur attizé.
Ie pensoy qu'il fust plus ruzé,
Veu qu'il a tant hanté les armes,
Les courtizans & les gensdarmes:
Mais les plus fins y sont trompez,
Et les plus legers attrapez,
Tant seulement sous l'apparance
D'une legere iouissance.
Encore si pour sa beauté
Elle ualoit le decroté,
Ie dirois: mais quoy? seulement
La façon de l'habillement
Vault autant que la bague entiere.
Et bien, c'est une Tresoriere,
Laquelle par son doux parler
Sçait bien un homme emmieler.
Mais par ma foy i'estime autant

Ma Marion, & suis content
Encore plus de mes amours
Que non pas luy de son uelours,
Sans qu'il me la faille prier.
    Mais n'est-ce pas mon Tresorier
Que ie uoy uenir droict à moy?

## SCENE II.

### LE TRESORIER, RICHARD.

Puisque c'est l'affaire du Roy
    Ie ne differe m'absenter,
Afin d'un chascun contenter:
Le gain recompense le mal.
Qu'on face seller mon cheual.

### Richard.

Tant mieux, il est prest de partir,
La dame pourra departir
La iouissance de son corps,
Puisque monsieur s'en u : dehors.

### Le Tresorier.

Encor' ay ie quelque douleur
De laisser ma femme en sa fleur:
Car, las ! ceste tendre ieunesse
Ne pourra porter la destresse
De mon absence: & puis ces gens
Qui sont soigneux & diligens
A tromper une creature,
Qui sera simple de nature.
Vray, que ie tien tant de ma femme,
Qu'auant me faire un cas infame
Plustost endureroit la mort.

### Richard.

*Helas, iamais ne luy feit tort,*
*Elle est de bonne parenté.*

### Le Tresorier.

*Pensez qu'un homme est tormenté,*
*Depuis qu'il luy conuient souuent*
*Aller à la pluye & au uent,*
*Delaissant auec le mesnage*
*La femme en la fleur de son aage.*

### Richard.

*Le cueur luy fault, la conscience*
*Luy fait cognoistre son offense.*

### Le Tresorier.

*Il ne m'est rien plus aygreable*
*Qu'auec ma femme desirable*
*Iouir du bien que Dieu me donne.*
*Mais quoy? la practique en est bonne:*
*Car ie pourray, si ie suis sage,*
*Practiquer en ce mien uoyage*
*Trois mille francs en peu de iours.*

### Richard.

*Ce pendant comment les amours*
*Se demerront, la damoiselle*
*Ne sera du tout si rebelle*
*Qu'auparauant: car le loisir*
*Luy fera mille fois choisir*
*Le bon moyen, l'heure & le temps*
*Pour rendre ses amis contens,*
*Tant le courtizan que son page.*

*Mais il fault faire mon messsage,*
*Craignant qu'en quelque coing de rue*

Ie ne le perde de la ueüe:
Puis ie pourrois uenir trop tard.
Dieu gard Monsieur.

### Le Tresorier.

Et bien Richard,
Comment ua du seigneur Loys?

### Richard.

Il a tousiours dix mille ennuys
Qui le tormentent, pourautant
Qu'il n'ha pas son argent contant,
Et si ne uoit qui en apporte.
Et qui pis est, iamais sa porte
N'est sans un marchand ennuyeux,
Qui se presentant à ses yeux
Le menace pour son argent
De luy enuoyer un sergent.

### Le Tresorier.

Richard, par Dieu c'est comme moy,
Car maintenant ie ne reçoy
A peine rien de mon office.
Encore pour faire seruice
A quelques uns, tousiours i'auance,
Et si ma foy, la recompense
Que i'en reçoy, n'est comme rien.

### Richard.

Vertu bieu: ie uous enten bien,
Le payment n'est encore prest,
Nous demandons un interest,
Voyla comment uous estes doux.
Ie suis uenu par deuers uous
Pour entendre tant seulement

Si mon maiſtre aura le payment
De ſon quartier que luy deuez.
### Le Treſorier.
Vous eſtes fort mal arriuez,
Vous uenez apres la bataille:
Ie ne ſçache pas une maille.
### Richard.
Comment monſieur? & ce pendant
Mon maiſtre ſera attendant
Voſtre retour?
### Le Treſorier.
Il le fault bien.
### Richard.
Mais, monſieur, penſez-uous combien
Ce luy eſt choſe inſupportable
D'eſtre ſi long temps redeuable
A un tas de gens importuns.
### Le Treſorier.
Vrayment Richard, ie ſcay aucuns
Qui m'ont uoulu donner le quart
De leur payment.
### Richard.
Ma foy, Richard,
N'ha point telle commiſsion:
Pour donner une portion
De l'argent, il le fera bien.
### Le Treſorier.
C'eſt bien parlé: uiença, combien
Veult-il donner pour l'intereſt,
S'il trouue ſon argent tout preſt?
Quant eſt de moy, ie ne l'ay pas:

Mais il n'y a que quatre pas
Iusqu' au logis d'un mien ami.
### Richard.
Le Treforier n'eft endormi,
Se uoyant en main la fortune
De pouuoir gaigner la pecune.
### Le Treforier.
Que dis-tu, Richard?
### Richard.
Ie fongeois
En comptant cy deffus mes doits,
Combien il uoudroit bien donner.
### Le Treforier.
Ie ne pourroy plus feiourner.
### Richard.
De trois cens liures uingt efcus.
### Le Treforier.
Ha urayment il merite plus.
Voudroit-il bien en donner trente?
### Richard.
Pour uingt & cinq, qu'il fe contente:
Ie uous feray recompenfer,
Si uoulez encor' auancer.
### Le Treforier.
Ie le ueux à mefme profit:
Auffi ie uoudroy qu'il me feit
Quittance des paymens entiers
Qu'il receura des deux quartiers.
### Richard.
Vous les aurez.

### Le Tresorier.

*Mais il ne fault*
*Aussi m'en faire aucun default,*
*Car ie ueux partir dans une heure:*
*Parquoy soyez en mon demeure*
*Incontinent.*

### Richard.

*C'est bien assez.*
*Iamais ils ne seront lassez*
*De prendre argent de toutes pars:*
*Il n'est pas des pauures souldars*
*Desquels ces braues Tresoriers*
*N'attirent tousiours des deniers:*
*Mais au besoing il se fault taire.*

## SCENE   III.

### MARIE,    RICHARD.

*D**Ieu, monsieur le Protenotaire*
*Est negligent en ses amours.*
*I'ay ueu le temps que tous les iours*
*Il passoit deuant la maison*
*Cinquante fois, mais la saison*
*Comme ie croy luy est uenue,*
*Qu'il ne ua plus parmi la rue:*
*Pensez qu'il est deuenu sage.*

### Richard.

*Si ie ioue mon personnage,*
*Ie scauray d'elle tout' l'affaire*
*De ce ieune Protenotaire.*

### Marie.

*Nous fuyons tousiours nostre bien,*

« Iamais iamais à un bon chien
« Ne tombera quelque bon os:
Apres qu'ils ont tourné le dos,
Ils font leur meilleures rifees
De celles qu'ils ont abufees.
### Richard.
Les plus rufez y font doncpris.
### Marie.
Quant ils ont l'amour entrepris
De quelque dame, à Dieu comment
S'ils en ont eu contentement.
### Richard.
Autant ailleurs c'eft ma deuife.
### Marie.
Voyla Madamoifelle efprife
De l'amour d'un ieune efcolier,
Qui n'a le foul pour employer,
Et ueult eftre aimé à credit.
### Richard.
Ne l'auois-ie donc pas bien dict?
### Marie.
Le feigneur Loys ce pendant
Eft à fon amour pretendant,
Sans touteffois auoir ceft heur
D'appaifer fa trop grande ardeur,
Si n'eft de quelque uaine courfe:
Luy qui ha plus d'efcus en bourfe
Que l'autre n'ha pas de deniers.
« Mais uoyla comment les derniers
« Seront toufiours fauorifez,
« Et les plus fermes defprifez.

### Richard.

I'enten le neud de la matiere,
Il se fault garder du derriere.

### Marie.

Voyci Richard le seruiteur
Du seigneur Loys. i'ay grand peur
Qu'il n'ait entendu ce qu'ay dict,
Au pis, i'en feray contredict:
Mon Dieu, Richard, uenez auant.

### Richard.

Que faites uous icy deuant?

### Marie.

Rien, sinon que ma damoiselle
Veult parler à uous.

### Richard.

Que ueult-elle?

### Marie.

Quant à moy, ie ne le sçay pas,
Elle est ia descendue en bas.


# ACTE SECOND.

### SCENE I.

## LE PROTENOTAIRE, BONIFACE.

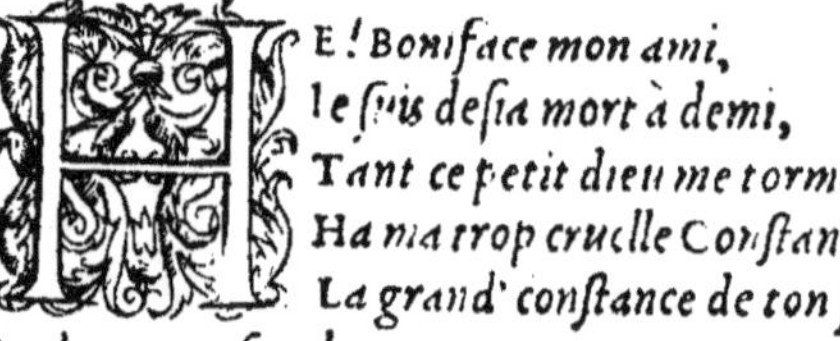

H E! Boniface mon ami,
   Ie suis desia mort à demi,
   Tant ce petit dieu me tormente.
   Ha ma trop cruelle Constante!
   La grand' constance de ton fort,
Seule me causera la mort.

Boniface.

### Boniface.

Comment cela, monsieur? uous ay-ie
Si long temps serui au college,
Pour maintenant uous défier
De uostre seruiteur, premier
Qui en a mis les fers au feu?

### Le protenotaire.

Helas, Boniface! pour Dieu,
Si iamais la fidelité
De ton deuoir m'a incité
A recompenser ton seruice
Comme ie doy de mon office,
C'est ores qu'il te fault preuoir
Au mal instant du desespoir,
Et monstrer ton inuention.

### Boniface.

Ie sçay bien qu'il n'est question
Que d'argent dont auez default:
« Car le temps est uenu qu'il fault
« Tousiours auoir argent en banque,
« Qui ueult que la dame ne manque.

### Le protenotaire.

Il est uray: car tout mon torment
Vient de cela tant seulement,
Tu sçais que nous n'auons la croix,
Encores qu'il y ait trois mois
Auant que receuoir argent.

### Boniface.

Vous estes par trop diligent
A faire la magnificence,
Depuis qu'auez la iouissance

De quarante ou cinquante escux.
#### Le Protenotaire.
Boniface, ie ne suis plus
Enfant comme ie soulois estre.
#### Boniface.
Il fault que uous soyez le maistre
Doresnauant des passions
De uoz iournelles actions.
#### Le Protenotaire.
Ie le seray. Mais pense-tu
Combien est grande sa uertu,
Et combien sa perfection
Peult dompter mon affection.
#### Boniface.
Nous uoyons cela tous les iours:
Ce sont uoz premieres amours.
#### Le Protenotaire.
Ce n'est point cela, Boniface:
Tant seulement sa bonne grace,
Son doux parler & son maintien,
Sans rien flater, meritent bien
L'amour d'un bien plus grand seigneur.
#### Boniface.
Voyla, uous y auez le cueur:
Non pas urayment que ie desprise,
Disant cela, uostre entreprise:
Mais il ne fault estre si chaud
En ses affaires.
#### Le Protenotaire.
Son cueur hault
Merite un plus parfaict seruice.

#### Boniface.

Mais si l'argent du benefice
Ne suffit à telle despense?

#### Le Protenotaire.

Il fault aimer en esperance,
Il nous uiendra quelque hazard.

#### Boniface.

Ouy bien, mais possible trop tard,
Il fault preuoir à son affaire.

#### Le Protenotaire.

Encore le bien de mon père
Ne manquera point.

#### Boniface.

Il ne pense
Que nous façions si grand despense.

#### Le Protenotaire.

Ha, ie ueux estre entretenu
Honnestement du reuenu
Qui m'appartient.

#### Boniface.

C'est la raison:
Car uous estes d'une maison
Qui le merite: mais aussi
Il fault auoir des siens souci.

#### Le Protenotaire.

Or, Boniface, il n'est pas heure
De faire plus longue demeure,
Nous auons mestier d'autre chose.

#### Boniface.

Ie l'enten.

F.ij.

#### Le Protenotaire.

Dont ie me repofe
Du tout fur toy.

#### Boniface.

Ie feray tant,
Que nous aurons argent contant.

#### Le Protenotaire.

I'ayme mieux payer l'intereft,
Pourueu que le payment foit preft.

#### Boniface.

Ie uous pry' laiffez faire à moy.

#### Le Protenotaire.

Auffi ie m'en attens à toy.

#### Boniface.

Vous le pouuez, allez m'attendre
Dans le palais, i'iray uous prendre
Au repaffer.

#### Le Protenotaire.

Le Secretaire
M'y doit trouuer pour quelque affaire.


## SCENE II.

### CONSTANTE, RICHARD

#### BONIFACE.

Richard mon amy, dittes luy
Que i'en endure autant d'ennuy
Qu'il m'eft poffible, & que i'efpere,
Mais qu'il foit parti, fi bien faire
Qu'il fera content du deuoir
Que i'en feray.

### Boniface.

Il fault ſçauoir
Que ueult ce doux contentement.

### Richard.

Vous n'en uoulez foy ne ſerment,
Mais il uous aime de tel cueur,
Que deſia ſon amour uainqueur
L'a preſque mis au deſeſpoir.

### Conſtante.

Las, Richard, il ha tout pouuoir
Sur moy qui ſuis ſienne, & i'eſpere,
S'il me ſuruient en mon affaire,
Le recognoiſtre tant que l'ame
Me batte au corps.

### Boniface.

La pauure femme
Ne ſe donne qu'a ſes amis:
I'enten bien tout, ell' a commis
Quelque petite portion
De l'amoureuſe affection
Sur la bource d'un amoureux.

### Richard.

Ma damoiſelle, il eſt heureux
De ce qu'il uous plaiſt demander
La choſe qu'il peult accorder.

### Conſtante.

Et bien, Richard, uous luy direz
Que ie ſuis ſienne, & le prirez
De ce dont ie uous ay parlé.

### Boniface.

Voyla le pacquet emmalé,

Mon maiſtre peult bien dire à Dieu.
#### Richard.
Ie ne puis plus eſtre en ce lieu,
Ie uay querir l'autre quictance.
#### Boniface.
Si eſt-ce que i'ay eſperance
D'émoucher quelque argent de uous.
#### Conſtante.
Hault, Boniface, un peu plus doux,
Quelqu'un uous fait-il deſplaiſir?
#### Boniface.
Il la fault auoir à loiſir.
Ha, Ma damoiſelle Conſtante.
#### Conſtante.
Quel eſt l'ennuy qui uous tormente?
N'y ſçauroit-on bien toſt preuoir?
Il eſt grand ſeigneur, qui peult uoir
Monſeigneur le Protenotaire.
#### Boniface.
Il eſt empeſché d'un affaire
Qui eſt de bien grand'importance,
En quoy il a bonne eſperance
De paruenir à grand honneur.
#### Conſtante.
Et bien bien, ce ſera monſieur,
Il ne uouldra plus regarder
Ses amis.
#### Boniface.
Tant ell' ſçait farder
Et emmieler ſon langage!

### Conſtante.

Bon Dieu, que uous eſtes ſauuage
Depuis un peu !

### Boniface.

C'eſt que ie penſe
A une bonne recompenſe
Qu'on donne pour ſon benefice,
Si quelcun ueult faire un ſeruice
De luy preſter deux cens eſcus.

### Conſtante.

Ne luy en fauldroit-il non plus?

### Boniface.

Non.

### Conſtante.

N'ha-il point quelque amitié
Dedans Paris, pour la moytié?

### Boniface.

Non du tout, ouy bien pour cinquante.

### Conſtante.

Ha, urayment ie ſuis treſcontente
De luy preſter le demourant,
Du bon du cueur, en m'aſſeurant.

### Boniface.

Ma damoiſelle, le plaiſir
Sera ſelon uoſtre deſir
Honneſtement recompenſé.

### Conſtante.

A ſon uouloir.

### Boniface.

I'ay auancé
Ma langue, ſans ſon mandement.

F.iiij.

Conſtante.
Vous le pouuez honneſtement:
Car ie ſuis ſi bien ſon amie,
Que s'il me demandoit la uie
Ie luy departirois mon ame.
Boniface.
« Tant le bon uouloir d'une dame
« Peult aider l'ami au beſoing.
Conſtante.
Boniface, i'ay plus de ſoing
De l'auancement de ſon bien
Et honneur, que non pas du mien,
Encore que i'en ſoy repriſe:
Mais ie ſuis tellement eſpriſe
De ſon amour, que i'ay grand peur
Que ce ſoit mon dernier malheur.
Au pis aller, ie ſuis heureuſe
Que ceſte eſtincelle amoureuſe
A touché ſa perfeſtion.
Boniface.
Ce n'eſt qu'a bonne intention
Ma damoiſelle, & le torment
Se finira heureuſement.
Conſtante.
Ie pry Dieu qu'il uous ueuille ouïr.
Boniface.
Et alors uous pourrez iouïr,
Vous ſçauez quoy.
Conſtante.
Ha! Boniface.

### Boniface.

Ma damoiselle, uoſtre grace,
Et uoſtre parfaicte beauté
Seule uainquit ſa liberté:
Car plus il uit en ce martyre,
Tant plus conſtamment il aſpire
A faire choſe qui contente
Le ſeul deſir de ſa Conſtante.

### Conſtante.

Eſcoutez, ie uous ueux prier,
A cauſe que le Treſorier
S'appreſte pour tantoſt partir,
D'en uouloir Monſieur aduertir,
Qu'il ſoit un peu plus diligent:
Et cependant, uoyla l'argent,
Il m'en fera recognoiſſance
Quand il uiendra.

### Boniface.

I'ay eſperance,
Qu'auant qu'il ſoit une bonne heure
Il ſera dans uoſtre demeure.
Viue, uiue l'inuention
Pour bien faire une faction:
Il en fault bien faire la croix
En noſtre âtre: ils ſont tous de poix,
Ie les ay eus tous pour le pris
Que ceſte dame les a pris.
Ie recognoy bien ceſtuy-ci,
Et ce double ducat auſſi,
Vn noble, un angelot encor:
C'eſtoit pour des braſſelets d'or

*Que monsieur luy donna un iour.*
*Ce demourant uient de l'amour*
*Des bonnes gens de son quartier.*
*A tous les diables le mestier,*
*Qui ne nourrit & entretient*
*Le compaignon qui le maintient,*
*Et ne fust qu'un peigne de buys.*
### Constante.
*Au moins si le seigneur Loys*
*Me fait ce bien,dont ie le prie,*
*Ma bource sera bien remplie*
*De l'argent que i'ay debourcé.*

# SCENE III.

## LE TRESORIER, SVLPICE, CONSTANTE.

*CRoyez qu'un argent auancé*
*Vault bien cela.*
### Sulpice.
*Si fait urayment:*
*Et ie m'esbahy fort comment*
*Vous faictes si honneste tour.*
### Le Tresorier.
*Sire Sulpice,c'est l'amour*
*Que ie luy porte.*
### Sulpice.
*Il le uault bien.*
*Et puis de ces gens l'entretien*
*Sert de beaucoup aucunefois.*
*Il me souuient qu'un iour i'estois*

En la court pour un mien affaire,
Seulement un protenotaire
Auquel i'auois faict du seruice
Feit tout mon cas.
### Le Tresorier.

Sire Sulpice,
Comme uous dictes, le maintien
De gens de court, est nostre bien.
Ie crains que nos faultes commises
A la parfin ne soyent reprises,
Comme nous uoyons la fortune
Estre plus souuent importune
A gens qui sont en tel degré,
Qui n'ont tousiours le uent à gré:
Il ne faudroit au mal extrême
Que ce bon gentilhomme mesme
Pour bien conduire mon affaire,
S'il m'aduenoit quelque misère.
### Sulpice.
Vous dictes bien, il fault preuoir
Au mal qui nous peult deceuoir.
C'est ainsi qu'il fault disposer,
C'est ainsi qu'il fault auiser
A un malheur qui se presente
Pour brouiller tousiours nostre attente,
Tant nature nous est cruelle.
Mais n'est-ce pas Ma damoiselle
Que ie uoy uenir droict à nous?
### Constante.
Mon dieu, monsieur, dépeschez uous,
Vous sçauez qu'il est desia tard.

### Le Treforier.

Ie n'atten plus qu'apres Richard.

### Conftante.

Helas mon Dieu!la feule peur
Qu'il ne uous auienne un malheur
Me le faict dire,tous les champs
Sont remplis de mauuaifes gens:
Sur tout gardez uous bien dufoir.

### Sulpice.

Encor' y faict il bon preuoir,
Cela ne uient que de bon cueur.

### Le Treforier.

Si uous uoyez le feruiteur
Du feigneur Loys,que Marie
L'amene apres nous.

### Conftante.

Ie uous prie
De toft defpecher uoftre affaire.

## SCENE.    IIII.

### MARIE SEVLE.

L'Homme de ce Protenotaire
N'eft pas des plus niez du monde:
Quand il eft ceans il me fonde,
Et femble bien a l'ouyr dire
Qu'il ait intention de rire
Tout ainfi comme faict fon maiftre:
Et croy que f il fe fentoit eftre
Si peu que rien fauorifé,
Il feroit bien affez rufé
D'effayer f il pourroit bien faire

Ce que faict le Protenotaire.
Ie n'vseray plus de rudesse
En son endroit, car ma maistresse
Dict qu'il ne fault point refuser
Ce qui ne se peult onc vser.
« Aussi est-ce une grand' folie
« Que d'engendrer melancholie.
« Nous n'aurons pas tousiours le temps
« Pour rendre nos desirs contans.
Il fault donc prendre le loisir,
Puisque nous voyons le plaisir
S'offrir d'une gaité de cueur.
Et pourquoy non? le seruiteur
N'aura-il aussi grand' puissance
De me donner la iouissance,
Et rendre l'appetit content
De ce point que lon prise tant,
Comme Monsieur à sa Constante?
Ie croy que le mal qui tourmente
L'esprit & mon repos de nuict
Se guerist par mesme deduict:
Autant peult le lay que le prestre,
Et le seruiteur que le maistre,
Le pauure, comme un de grand' race.
Mais ie ne voy point Boniface
Venir ainsi qu'il a promis.

# ACTE TROISIEME.

## SCENE I.

### .LOYS SEVL.

A viourdhuy lon n'ha plus d'amis
« Si n'eſt la bource & les eſcus,
« Auiourdhuy lon ne trouue plus
« Qui ueuille tenir la querelle
« De quelque honneſte damoiſelle.
« Le gain faict tout, le gain emporte
« Les rampars d'une uille forte:
« Le gain fait coqus les maris:
« Le gain eſt le dieu de Paris,
« C'eſt le dieu des inuentions,
« Et la fin des intentions.
« Le gain faict courir les marchans
« Aux perils & dangers des champs,
« Au peril des uens & tempeſtes,
« Qui plus ſouuent deſſus leurs teſtes
« Tombans d'épouuantable effort,
« Leur mettent dans les dens la mort,
« Voyre au plus beau de leur ieuneſſe.
Encore qu'il ſoit tel, ſi eſt-ce
Que iamais il n'eut la puiſſance
De faire flechir la conſtance
De ma Cruelle.   De ſon cueur
Amour en feut le ſeul uainqueur:
Tant ſeulement d'une beauté
Son cueur ſe ſentit incité:
Il repoſe auſſi en un lieu
Digne du triomphe d'un dieu.

Qu'un dieu tout seul außi se uante
D'auoir faict broncher ma Constante,
Elle seule deßous le Ciel
Qui merite auoir l'honneur tel.
L'amour qui le commun enflamme
N'est que neige au pris de ma flamme,
D'autant que sa diuinité
Surpaße toute humanité
Au brasier qu'il m'a faict sentir.

## SCENE II.

### RICHARD, LOYS.

Monsieur, il est prest a partir,
Et ne reste plus que quictance
Pour uostre debte & pour l'auance:
Car l'argent est desia tout prest.

### Loys.

Combien prent-il pour l'interest?

### Richard.

Vingt-cinq escus sur le payment,
Et autant sur l'auancement.

### Loys.

C'est trop urayment de la moitié.

### Richard.

Encor' si n'estoit l'amitié
D'un sien uoisin, il ne pourroit
Vous en bailler.

### Loys.

Et ce seroit
Vn tour duquel la repentance
Suiuroit de bien pres la uengeance.
R etiendroit-il ainsi mon bien?

### Richard.

Monsieur, encor' ny prend il rien,
C'est un marchant, comme i'ay dict.

### Loys.

Pardieu il a pauure credit
A ce presteur.

### Richard.

Voyla que cest:
« Les amis sont à interest,
Encore se fault-il haster.

### Loys.

Or puis-qu'il en fault eschapper,
Voyla l'autre quictance encor'.

### Richard.

C'est mon, mais de la chaine d'or
Que demande la damoiselle,

### Loys.

Ie n'en sçache point d'assez belle:
Deliure luy cinquante escus
Pour en acheter une, ou plus
S'il est mestier, la recompense
Que ie pretends, uault la despence:
Au demeurant haste le pas.

### Richard.

Les escadrons & les combas
N'eurent oncque si grand' puissance
Que Monsieur n'y feit resistance:
Et maintenant une beauté
Triomphe de sa liberté.
Encor' uraiment la Damoiselle,
Quant tout est dict, n'est pas si belle:

Toutessou

Touteffois ie ne la deprife:
« Car on dict que la marchandife
« Qui plaift eft a demy uendue.
Ie crain que ma uoix entendue
Ne foit entree en la ceruelle
De cefte rapporte-nouuelle,
Qui m'attend la deuant la porte:
Car urayment elle eft affez fotte
Pour le rapporter a Conftante.

## SCENE    III.

### MARIE,    RICHARD.

Voyci Richard qui fe tourmente
De quelque malheur aduenu.
Son efprit eft bien detenu
A uoir fa maniere de faire.

### Richard.

Il fault penfer à mon affaire,
Puifque i'aproche la maifon.

### Marie.

Venez Richard, c'eft la raifon
Que fi long temps on uous attende.

### Richard.

Et bien, quoy petite friande?
Vous ferez donc toufiours fafcheufe,
Vous feres donc la rigoureufe
Au pauure Richard langoureux.
Mon Dieu que ie ferois heureux,
Si ie pouuois à mon loifir
Auoir de ce fein le plaifir:
Ces deux iuoirines boulettes,

*Ces deux cerises rondelettes.*
*Ce sera bien quand uous uoudrez.*

### Marie.

*Laschez uoz chiens, uous les prendrez:*
*Car uous estes le nompareil.*

### Richard.

*Si uous estes de mon conseil*
*Nous ferons bien noz besongnettes.*

### Marie.

*Et mon Dieu Richard, que uous estes*
*Ores esueillé pour uostre aage.*

### Richard.

*Ce n'est sinon que le courage,*
*Qui s'augmente de iour en iour.*

### Marie.

*Vous uoulez donc faire l'amour.*

### Richard.

*Ma foy, Richard se delibere*
*Auoir tousiours pour l'ordinaire*
*Quelque chose qui soit de mise.*

### Marie.

*Voyla une belle entreprise.*

### Richard.

*Il m'y fault or' auant préuoir.*

### Marie,

*Comment? il sembleroit à ueoir*
*Que uous ne sceussiez troubler leau.*

### Richard.

*L'intention est au cerueau*
*« Marie, & puis il ne fault pas*
*« Estimer le moyne à son pas*
*« Quand il marche dans le conuent.*

#### Marie.

Ananda uous estes sçauant,
Vous entendez bien cet' affaire.

#### Richard.

Ie suis niez, laissez moy faire,
Aussi bien n'engendré-ie point.

#### Marie.

Richard, Richard i'enten le poinct
Vous uoulez rire, c'est cela.

#### Richard.

Ma foy, me uoyci, me uoila,
Ie ne tiens iamais mon courroux,
Ie suis humain, courtois & doux,
Prest à uous faire tout seruice,
A celle fin que ie iouisse,
Vous entendez le demeurant.

#### Marie.

Sus sus Richard: marchez auant:
Monsieur le Tresorier attend
Pour uous donner argent content:
Il est chez le sire Sulpice.

#### Richard.

« Prendre argent est un bon office,
« Et mauuais d'estre fournisseur.

#### Marie.

Vous estes un beau gaudisseur,
Ananda ie m'y recommande.

#### Richard.

A dieu la petite friande.

#### Marie.

Il ueult resembler Boniface.

G.ij.

## SCENE IIII.
### CONSTANTE, MARIE.

Viença meschante,quand sera-ce
Que feras ce qu'il appartient?
Dy.

#### Marie.
Ce n'est pas à moy qu'il tient.
#### Constante.
Que iaze-tu en ceste place?
#### Marie.
Que uoulez uous si Boniface
Ne se ueult d'auanture haster?
#### Constante.
Qu'as tu à faire d'arrester
Le ualet du seigneur Loys,
A babiller deuant cest huys
Auec luy: uous sentez le cueur:
Encor' auec un seruiteur.
Sainct Iean le bon ami de Dieu
Vous irez en un autre lieu
Faire uostre belle menee.
Comment,madame l'affetee,
Est-ce lestat que ie uous monstre?
Croyez que si ie uous rencontre,
Vous maudirez a iamais l'heure
D'auoir entré en mon demeure.
Marchez,marchez,entrez dedans.
  Voyla,ce ? l'amour de ce temps,
«  Auiourdhuy lon ne uoit plus homme
«  Garder la fidelité,comme
«  Les amoureux du temps passé

*Le ferme amour est déchaffé,*
*Et en fon lieu une feintife,*
*Le feul mafque, à fa place prife.*
*Nous ce pendant mal auifees,*
*Sommes plus fouuent abufees*
*Par ceux qui ne font que chercher*
*Le moyen de nous débaucher.*
*« Et uoyla comment auiourdhuy*
*« La fin d'amour n'eft rien qu'ennuy:*
*Car des hommes l'outrecuidance*
*Eft caufe de cefte inconftance:*
*Eux qui tireroient d'une femme*
*Les biens, l'honneur, le corps & l'ame:*
*Et puis quand ils ont faict, à Dieu,*
*Tout autant en un autre lieu,*
*Ainfi que fortune leur donne:*
*Mais en uain ie me paffionne.*

## SCENE V.

### LE PROTENOTAIRE, BONIFACE, CONSTANTE.

Ma Conftante fe plainct de moy,
Et m'accufe, comme ie croy,
*De ce que ie demeure tant*
*A uenir.*

#### Conftante.

*Ah! trop inconftant!*
*Et moy trop facille à le croire.*
*Ie penfoy le Protenotaire*
*Eftre digne d'un plus grand heur:*
*Mais ie croy que fon feruiteur*

A pris sur luy plus de puiſſance
Qu'il ne feit onc d'obeiſſance.
     Le Protenotaire.
Ha Boniface! maintenant
I'aperçoy que tout ce tourment
Ne luy uient ſinon que de moy.
     Conſtante.
L'amour donc n'aura plus de loy?
On n'en fera donc plus de compte?
     Le Protenotaire.
L'impatience me ſurmonte,
Ie n'en ſçaurois plus endurer.
     Conſtante.
Encor' qui me faict eſperer,
C'eſt la mort apres longue attente.
     Le Protenotaire.
Las! que penſez uous, ma Conſtante,
En uous menaſſant du treſpas?
     Boniface.
Le uoyla pris, il a ſon cas,
La dame le tient a ſon aiſe.
     Conſtante.
Helas monſieur, ne uous deſplaiſe,
Ie uous penſoys eſtre plus loing.
     Le Protenotaire.
Comment mon cueur? comment mon ſoing?
Penſeriez uous bien qu'en amour
Ie uoulſiſſe ſaire un tel tour?
Vous n'auez experimenté
Quel uouloir ha ma fermeté,
Encor' uous n'auez aſſeurance

Quelle est en amour ma constance.
#### Boniface.
Il en a tout au long du bras.
#### Constante.
Pardonnez moy mon seul soulas,
« L'amour est tousiours soubçonneux:
#### Boniface.
C'est l'ordinaire entre amoureux,
Qui faict que la foy se renforce:
« Car c'est d'amour subtile amorse
« Que les debats de deux amans.
### Le Protenotaire.
La mort puisse mes ieunes ans
Plustost retrancher en ma fleur,
Que ie soy iamais seruiteur
D'une autre dame que de uous.
Iamais l'amour ne me soit doux,
Si par mon infidelité
Ie sers à une autre beauté.
Plustost me laisse tout amy,
Et plustost me soit ennemi
L'aspect de mon astre fatal.
#### Boniface.
Il est au plus fort de son mal
« Il n'y a rien dessoubz les cieux
« Ou pire, ou plus audacieux.
#### Constante.
Aussi uous sçauez, monseigneur,
Que mon corps & tout mon honneur
Vous fut abandonné par moy
Sur l'asseurance de la foy,

G.iiÿ.

*Comme seul digne d'estre aimé.*
### Le Protenotaire.
*Aussi tousiours ay-ie estimé*
*Mon heur fauorisé des dieux,*
*Comme celuy seul sous les cieux,*
*Qui est heureux en ses amours.*
### Boniface.
*C'est la coustume, on uoit tousiours*
*Ces ieunes gens à marier*
*Deuenir fols.*
### Le Protenotaire.
*Le Tresorier*
*A-il desia gaigné le hault?*
### Constante.
*Non pas encore, mais il fault*
*Entrer ceans, & uous cacher:*
*Encor fault-il se dépescher,*
*Car il n'est pas loing.*
### Le Protenotaire.
*Mais comment,*
*S'il demouroit plus longuement?*
### Constante.
*Il est sur le poinct de partir.*

## SCENE VI.

### RICHARD, CONSTANTE.

*P**Ar le corps, i'en ueux aduertir*
*Mon maistre, il le sçaura: Comment?*
*Est-ce là donc le beau serment*
*De loyauté? Ie m'en doubtois,*
*I'en suis certain à ceste fois:*

Car de mes deux yeux ie l'ay ueu.
                    Constante.
Et bien, Richard, auez uous eu
Vostre payment?
                    Richard.
Vne moitié.
                    Constante.
Mon don n'est-il point oublié?
                    Richard.
Voicy l'argent pour en auoir,
Si uous uoulez le receuoir.
                    Constante.
Pourquoy non?
                    Richard.
Ouurez uostre main.
                    Constante.
Ha, Richard, ce seroit en uain,
Ie uous pry' ne me trompez plus.
                    Richard.
Non non, uoyla cinquante escus
Pour auoir une chaine d'or,
Me pensez uous mocqueur?
                    Constante.
Encor'
Vous auez de moy souuenance:
Voyla pour uostre recompense.
                    Richard.
Il m'a commandé de sçauoir
Quand il pourroit uous uenir uoir.
                    Constante.
Non pas pour auiourdhuy, demain.

### Richard.

Touchez en donc dedans ma main.

### Conftante.

Ie le ueux, ie me recommande.

### Richard.

Par le corps bieu, ell' ne demande
Que les efcuz: car quant au refte
Ell' ha fon cas, mais ie protefte
D'en auoir bien toft la uengeance,
Et du payment, & de l'auance,
Et des cinquante efcuz encor',
Des anneaux & des chaines d'or
Dont Monfieur luy a faict prefent.
Ell' n'ha rien trop chauld ne pefant.
Et uoyla, la couftume eft telle:
Car enuers une damoifelle
Il fault toufiours l'argent en main:
Et puis on fçait bien que fon gain
Eft femblable à l'oifelerie:
L'oifeleur en quelque prairie
Vient efpandre fes grains femez,
Ou les oifeaux acouftumez
Ainfi fe laiffent amorcer:
« (Car il fault un peu auancer,
« Pour en auoir du gain apres)
Et lors qu'ils font pris dans les retz
Ils payent au long la defpenfe,
Dont l'oifeleur a faict l'auance.
Ainfi le bordeau c'eft le pré
Là ou l'amoureux eft entré
Comme un oifeau: la macquerelle

Est l'oiseleur, qui renouuelle
Souuent l'appas, & met en main
Au lieu d'amorce, une putain:
Les caresses, les mignardises,
Les bon-iours & les gaillardises,
Le doux acueil, le deuiser,
Sont les moyens d'apriuoiser.
Et en ceste façon, mon maistre
Est aux rets: mais si ie puis estre
Escouté, il aura uengeance
De toute ceste grand' despense.
Encore ce beau Tresorier,
Et ce coqu, se fait prier,
Ou il est le plus diligent:
Et fait acroire que l'argent
Qu'il m'a baillé n'est pas à luy.
Ie luy feray dire auiourdhuy
Celuy qui a mangé le lard,
Si ie le puis tenir à part.

## ACTE QVATRIEME.

### SCENE I.

### LOYS, RICHARD.

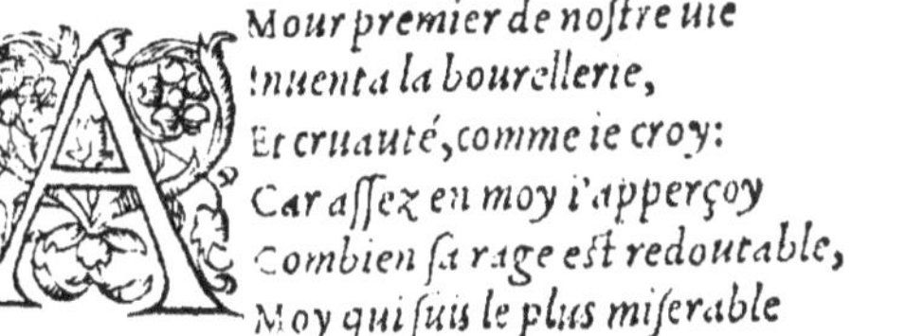

Mour premier de nostre uie
Inuenta la bourellerie,
Et cruauté, comme ie croy:
Car assez en moy i'apperçoy
Combien sa rage est redoutable,
Moy qui suis le plus miserable
Qui soit en ce monde uiuant.

Ie suis ébranlé comme au uent,
Ie suis espoind *et* tormenté,
Demi-mort, rompu, transporté,
Tourné dans la roüe d'amour :
En mon esprit ne fait seiour
Aucun repos, ie suis ia las,
Là ie suis ou ie ne suis pas,
Mon esprit n'est là ou ie suis,
Ie ueux cela que ie ne puis :
Viuant *et* mourant ie demeure :
Ce qui me plaist en la mesme heure
Me tourne en mescontentement,
Tant desia l'amoureux torment
S'est acquis sur moy de puissance :
Il me met en routte, il m'élance,
Il desire, il rauit, il tient,
Ce qu'il me donne, il le retient :
Il me fait à l'instant deffaire
Ce que luymesme m'a faict faire,
Et l'œuure faicte à sa poursuitte
Est tout incontinent destruitte.
Et encor' auec ces malheurs,
Ce seul poinct cy fait que ie meurs.
Richard.

## Richard.

Monsieur.

## Loys.

Ce peult-il faire,
Que ce gentil Protenotaire
Soit iouissant de mon merite ?

#### Richard.

Ie vous ay l'affaire defcrite,
Hors mis le fault tant feulement.
N'eft-ce donc pas affez?

#### Loys.

Comment?

#### Richard.

Demandez vous comment i'ay fceu
Ce beau chef-d'œuure? ie l'ay veu
De mes deux yeux: & d'auantage,
I'ay entendu tout leur langage,
Et la conduitte de l'affaire.

#### Loys.

Mais qui eft ce Protenotaire?
Le pourras tu bien recognoiftre?

#### Richard.

Ha, ie uoy bien que c'eft, mon maiftre
Ne croira Dieu que fur bon gage.

#### Loys.

Ie perds le fens & le courage
Tant ce dur rapport me tormente.
Qui euft penfé que ma Conftante
M'eut uoulu faillir en amour,
Et me faire un fi lache tour?
Encore ne le puif-ie croire.
As-tu ueu ce Protenotaire
Entrer dedans?

#### Richard.

Ouy, ie l'ay veu.

#### Loys.

As-tu veu qu'elle l'a receu?

### Richard.

I'ay ueu mesme qu'ell' le baisoit,
Et le flatant le courtisoit.

### Loys.

Tout cela n'est que courtoisie,
Ie ne pren point de fantasie
Pour un baiser:car maintenant
Cela se fait honnestement.

### Richard.

Mais quand auecque ce baiser
On adiouste le deuiser,
Qui monstre assez l'affection
De l'amoureuse passion,
Ie croy qu'il ne fault plus de doute.

### Loys.

Est-ce ainsi donc qu'ell' me redoute?
Seray-ie donc si peu prise?

### Richard.

Elle uous a deualisé.

### Loys.

Encore ne le croy-ie point.
Raconte moy de poinct en poinct
Comment le tout c'est demené.

### Richard.

I'estois en un lieu detourné
Ou i'ay entendu tout l'affaire.

### Loys.

Ie suis donc contrainct de le croire:
Tu ne uoudrois estre menteur.

### Richard.

Ie n'en suis que le seruiteur,

Et pour le deuoir de seruice
Ie fais au moins mal mon office
Qu'il m'est possible. Au demourant
Tousiours ueritable, esperant
Faire tousiours de mieux en mieux.

### Loys.

L'eau, la terre, l'air, & les cieux,
Et mille autres fureurs esprises
Contrarient mes entreprises.
Mais ie ueux monstrer combien peult
Mon ire depuis qu'ell' s'esmeut.

### Richard.

« Celuy qui uouldra s'empescher,
« Qu'il entreprenne estre nocher,
« Pour dessus la grand' mer conduire
« Par son conseil une nauire
« Et une femme: car au monde,
« Il n'y a rien qui plus abonde
« En toutes affaires nouuelles
« Que les nefs & les damoiselles.
Et pourtant si mon maistre est sage,
Qu'il ne s'en fâche d'auantage.
Puis i'ay entendu bien souuent,
Que d'ue femme le deuant,
Ressemble ceste lampe ardante,
Qui est dans l'Eglise pendante,
A fin d'alumer les chandelles
De tout' les offrandes nouuelles:
Elle en alume infinité
Sans perdre rien de sa clarté:
Aussi la femme a beau changer

Vn familier à l'eſtranger,
L'eſtranger au premier uenu,
Touſiours ſon cas eſt maintenu
En ſon entier, ſi d'auenture
Elle n'y meſle quelque ordure.
Et ſi dit-on communément,
Qu'apres le doux eſbatement
Du ieu d'amour, il n'y pert plus
Le tablier rabaiſſé deſſus.

## SCENE    II.

### LE TRESORIER, SVLPICE.

SIre Sulpice, i'ay uouloir
De uous le faire apercuoir.

#### Sulpice.

Vous me faiĉtes par trop d'honneur.

#### Le Treſorier.

Vous trouuerez un ſeruiteur,
Et un ami en mon endroit.

#### Sulpice.

Non non, monſieur, quand il fauldroit
Monſtrer la bonne affeĉtion,
Vous ſçauriez quelle intention
I'ay de uous faire du ſeruice.

#### Le Treſorier.

Ie le ſçay bien, ſire Sulpice,
Ce n'eſt d'auiourdhuy ſeulement:
Et ie uous promets le ſerment,
Que tant que Dieu me donne uie
I'auray touſiours pareille enuie:
Ie uous cognoy digne d'aimer.

Sulpice.

Sulpice.

*Autant deuez uous eftimer*
*De ma part.*

## SCENE III.

LOYS, RICHARD, THOMAS,
LE TRESORIER, SVLPICE.

*Ça ça, tous en armes.*
Richard.
*Ils ont affaire à des gendarmes,*
*Ils le cognoiftront par effeſt.*
Thomas.
*Monfieur, ce ne feront mal faiſt*
*De prendre en main quelque rondelle.*
Loys.
*Non non, ie n'ay que faire d'elle,*
*Elle penfe donc que ie prife*
*Dauantage fa marchandife*
*Que mon honneur: ie ne fuis plus*
*De ceux qui donnent des efcuz*
*Pour m'entretenir en fa grace:*
*Ie fuis d'une trop noble race.*
Thomas.
*Ic ueux faire prouifion*
*Maintenant d'un bon morion:,*
*Pour couurir le hault de ma tefte.*
Loys.
*Me penferoit elle tant befte,*
*Que uoulfiffe endurer tel tort?*
Le Trefotier.
*Sire Sulpice, quel effort!*

H.j.

*Que ueult dire ceste entreprise?*
#### Sulpice.
*Poßible quelque noise esprise*
*Entre eux:car tousiours ces souldars*
*Ont querelles en toutes pars.*
#### Le Tresorier.
*Entrons dedans.*
#### Sulpice.
*Fermez uostre huys.*
#### Le Tresorier.
*Ie cognoy le seigneur Loys,*
*Ie croy qu'il ne me cherche pas.*
#### Richard.
*Monsieur,monsieur,hastons le pas,*
*Le Tresorier est à la porte.*
#### Loys.
*Ca ça faictes moy bonne escorte,*
*Qu'on me luy fende les naseaux.*
#### Richard.
*Ie ueux comme des becasseaux*
*Enfiler ceste Tresoriere,*
*Le Tresorier,la chambriere,*
*Pour merque qu'une telle iniure*
*N'est impunie.*
#### Thomas.
*Et moy ie iure,*
*Que le premier par moy trouué*
*Demourera sur le paué,*
*Protenotaire,& Boniface.*
#### Le Tresorier.
*Sire Sulpice,il nous menasse.*

Helas mon dieu!ie suis perdu.
#### Thomas.
Le Tresorier m'a entendu,
Il heurte pour entrer dedans.
#### Sulpice.
Ils sont armez iusques aux dens,
Et si chascun son baston porte.
#### Le Tresorier.
Ne ueult-on point ouurir la porte?
Me laisserez uous massacrer?
#### Thomas.
Il est en grand peine d'entrer,
Pousons dedans, armet en teste.
#### Loys.
Sus, que chascun de uous s'apreste
De faire maintenant deuoir.
#### Richard.
Ie luy feray bien à sçauoir
A ce gentil Protenotaire,
Qu'il n'a pas maintenant affaire
A un pedante de college.
#### Thomas.
Il est pris, il s'est mis au piege.
#### Loys.
Sus sus dedans, enfoncez l'huys.
#### Richard.
Il me semble à uoir que ie suis
A l'assault de quelque rampart.
Enfonçons l'huis de part en part,
Nous sommes sur noz ennemis.

II.ij.

# SCENE.    IIII.

## MARIE SEVLE.

Misericorde mes amis,
Sommes nous en une prouince
Ou l'on ne craigne point le Prince?
Helas mon dieu!quelle fraieur!
Encore qui plus est,Monsieur
A trouué ce Protenotaire,
Qui n'a sceu autre chose faire,
Sinon que se pensant sauuer,
Et voyant subit arriuer
Le courtisan & ses souldars,
Qui le cherchoient de toutes pars,
Il s'est rendu à leur mercy.
O quel ennuy,ô quel soucy,
Quelle lamentable iournee
Maintenant nous est ordonnee.
Voyla,iamais nous n'aurons bien
Dans le logis:car aussi bien
Tousiours le Tresorier ialoux
Nous acrauantera de coups:
Iamais il n'aura mercy d'elle,
Encore si ma Damoiselle
N'eut esté prise en ce delict
Auec monsieur dessus le lict,
L'on eust peu couurir cet' affaire:
Mais comment?le Protenotaire
La tenoit desia embrassee,
Quant le mari l'a deuancee
Comme elle se pensoit cacher,

Et ſi ne la pouuoit lacher:
Ce qui à tant ſeulement faict
Qu'illes à pris deſſus le faict.
Ie m'eſbahis bien fort comment
il n'eſt uenu premierement,
A Boniface: touteſſois
I'en ſuis eſchappee.

## SCENE V.

### BONIFACE, MARIE.

I'Eſtois
Pour mon profit particulier,
Quant i'ay ouy ce beau Treſorier
Heurter, crier d'une uoix forte
Que l'on luy uint ouurir la porte.
Si eſt-ce que i'ay ſi bien faict,
Qu'il ne m'a pris deſſus le faict:
Car quand i'ay ouy ce beau meſnage,
Ainſi qu'un homme de courage
I'ay gaigné le grenier au foin:
Les iambes ſeruent au beſoin,
Encor' n'eſt-il que touſiours eſtre.
Mais par dieu, ce pendant mon maiſtre
Eſt pour les gaiges demeuré,
Et moy un peu plus aſſeuré
Que ie n'eſtois.

### Marie.

Hé Boniface!
Vrayment uous auez bonne grace,
Encor' uous mocquez des gens.

#### Boniface.

Comment cela? ce sont sergens,
Qui ueulent mener prisonnier
Vostre maistre le Tresorier:
Quant à moy,i'ayme mieux m'en taire.

#### Marie.

Mais Monsieur le Protenotaire
Est tout seul entre ces souldars.

#### Boniface.

Ie ne me mets en tels hasars,
Ie pourrois bien faisant ma monstre
Receuoir quelque malencontre:
Ie feray cy la centinelle.

#### Marie.

Las que dira Ma damoiselle!
Il m'est auoir qu'elle me suyt.
Hé uierge Marie quel bruit !
Ie croy que le seigneur Loys
Veult tout tuer.

#### Boniface.

Il n'est que l'huis
Pour bien eschapper du danger:
C'est assez pour m'en estranger,
Par dieu ie n'y retourne pas.

#### Marie.

Hé,Boniface,parlez bas:
Ie m'en uay iusque à la salette.

#### Boniface.

Quant à moy,ma tasche est ia faicte,
Ie n'y retourne du iourdhuy,
Puis-que l'affaire i'ay conduy

Iusqu'icy, i'en suis échappé,
Et Monsieur demeure trompé,
Qu'il se contente à sa fortune.
### Marie.
Elle nous est à tous commune:
Encor' en fault-il uoir la fin.
### Boniface.
I'en suis bien content: mais à fin
Que ne m'y pensiez embrouiller,
Si lon me faisoit despouiller,
I'en aurois mon recours sur uous.

# ACTE CINQVIEME.
## SCENE I.
### SVLPICE, LOYS, RICHARD, LE TRESORIER.

Onsieur, soyez un peu plus doux,
Quel profit pourriez uous auoir
Quand uous le feriez à sçauoir
A la iustice?
### Loys.
C'est tout un,
Le profit est à tous commun.
### Richard.
Ça, ça monsieur le Tresorier,
Vous en porterez le collier,
Et ce pour iuste recompence
D'auoir pillé l'argent de France.
### Sulpice.
Il se soumet à tout accord.

H.iiij.

### Richard.

Par Dieu ie seray le plus fort,
Vous uiendrez aussi quant-&-quant,
Car uous en faisiez le payment
En son nom, m'aidant à tromper:
Vous ne me pouuez eschaper
Que ne uous face mille ennuis.

### Le Tresorier.

Escoutez moy, seigneur Loys,
Vous sçauez que i'ay faict auance:
Sera-ce donc la recompense
Que pour moy uous uoulez choisir,
Apres uous auoir faict plaisir?
Auriez uous bien donc le couraige
De m'empecher en ce uoyage,
Consideré que mon affaire,
Me contraint comme necessaire
Pour le profit de nostre Prince?

### Richard.

Vous estes subiect à la pince,
Cest cela qui gaste le tout.

### Loys.

Encor' en aurons nous le bout,
Richard, fais ce que ie commande.

### Le Tresorier.

Seigneur Loys, ie ne demande
Sinon auoir appoinctement
Auecque uous

### Richard.

Premierement
Il fault uenir en la prison.

### Le Treforier.
Ie uous feray toute raifon,
Si uous faictes un tour honnefte.
### Richard.
Cela n'eft que lauer la tefte
Del'afne qui eft aux Bons-hommes.
### Loys.
Voyci grand cas, tant que nous fommeʃ
N'aurons pouuoir de le mener
Au palais pour l'emprifonner.
### Richard.
Charge le moy comme une balle
Sus le dos, ou comme une malle,
Puis nous aurons noftre courtault,
Qui le menera auffi toft
Que commandé.
### Sulpice.
Submettez uous,
Et puis Monfieur fera plus doux.
### Le Treforier.
A celle fin d'en uoir le bout,
Ie fuis content de perdre tout.
I'ay payé le quartier paffé,
Encore uous ay-ie auancé
Celuy qui uient, pour auoir paix
Auecque uous, Monfieur ie fais
Comme fi n'euffiez rien reçeu.
### Sulpice.
Vrayment uous ne ferez deçeu
Par ce moyen, & de ma part
I'en donnray le uin à Richard:

*Et si desire faire plus.*

### Loys.

*Vous dictes bien:mais les escuz*
*Que la Constante tient encor'*
*Pour auoir une chesne d'or?*

### Le Tresorier.

*Ces escuz uous seront rendus,*
*Et autant d'autres despendus,*
*Pour nous resiouir tous ensemble.*

### Sulpice.

*C'est un bon parti ce me semble.*

### Richard.

*Le uin que uous auez promis*
*A Richard,n'est-il pas donc mis*
*Parmi le marché?*

### Sulpice.

*Si est bien,*
*Ie uous le ueux donner du mien.*

### Richard.

*Mais i'ayme bien mieux dans ma main*
*Le uoir que d'attendre à demain:*
*« Car ie scay bien que les promesses*
*« De leur naturel sont traitresses:*
*Parquoy si uoulez paix a moy*
*Foncez argent.*

### Sulpice.

*Ha par ma foy*
*Vous l'aurez,car c'est la raison.*

### Loys.

*Entrons doncques en la maison*
*Affin de rauoir ma quictance:*

*Car ie ueux du tout asseurance.*

## SCENE II.

BONIFACE, LE PROTENOTAIRE.

NOn non Monsieur, si i'eusse esté
Dedans nostre Vniuersité,
Ie leur eusse faict à cognoistre
Que la dedans ie suis le maistre.
Encore i'ay bonne esperance
D'en auoir un iour la uengeance.

### Le Protenotaire.

Mais que diable es tu deuenu
Ce pendant?

### Boniface

I'estois detenu
Combatant contre deux souldars:
Par dieu c'estoient deux grans pendars
Qui m'eussent arraché la uie
Du corps, si n'eust esté l'enuie
Qu'auoy de uaillamment deffendre,
Si bien que ie leur ay faict rendre
Tout le courage auec les armes,
Encor'que ce feussent gendarmes.

### Le Protenotaire.

Par dieu ie n'ay sceu si bien faire,
Qu'au plus fort de tout mon affaire
Ie n'aye esté surpris. Mais quoy?
Il ne se souuient plus de moy:
Car l'ardeur du seigneur Loys,
Qui enfonçoit en bas son huys
Pour entrer dedans la maison,

Luy a faict perdre la raiſon.
#### Boniface.
Non, monſieur, ie m'en ueux uanger.
#### Le Protenotaire.
Mais, Boniface, en quel danger
Penſes-tu que i'eſtois aloſs?
Ie t'aſſeure que tout mon corps
Eſtant auſſi froid que le marbre,
Trembloit comme une feuille d'arbre.
#### Boniface.
Ne uous pouuiez uous reuancher?
#### Le Protenotaire.
Encor' ne ſçauoy-ie attacher
Mes chauſſes cheutes aux genouls.
#### Boniface.
Ha, ſi i'euſſe eſté auec uous !
#### Le Protenotaire.
Encore me penſant ſauuer,
Vn autre m'eſt uenu trouuer
Caché dans la chambre priuee:
Puis Conſtante y eſt arriuee,
Ce qui a faict, que me ſauuant,
Ie me ſuis trouué au deuant
Du ſeigneur Loys, qui ſuyuoit
Le Treſorier, qui ſ'enfuyoit.
#### Boniface.
Quelle mine uous a-il faict?
#### Le Protenotaire.
Il m'a dict que c'eſtoit bien faict,
A l'homme qui cherche touſiours
Son auenture en ſes amours,

Et que luy estant pourchaffant
De ce dont i'estois iouïffant,
Il se pensoit estre aimé d'elle.
### Boniface.
Comment!de cefte damoifelle?
Sçait on pas bien qui est Conftante?
### Le Protenotaire.
Ouy,& qu'en cefte folle attente
Il auoit dépendu beaucoup:
Mais qu'il uouloit tout en un coup
Son argent,que le Treforier
Retenoit deffus fon quartier,
Puis qu'elle eftoit ainfi commune.
### Boniface.
Or la damoifelle en ha d'une,
L'argent qu'elle uous a prefté,
Entre nos mains eft arrefté
Iufque à plus grande recompenfe,
Des prefens & de la deffence
Que uous auez faict,pourfuyuant
Son amour,& dorenauant
Il fe fault garder d'y rechoir.
### Le Protenotaire.
Boniface,allons nous en uoir
Tous lesefcuz de la Conftante.

## SCENE III.
### MARIE SEVLE.

Loué foit Dieu,tout fe contente:
Et qui plus eft, le Treforier
Ne fera point mis prifonnier,

Ie n remercy' bien nos amis.
Encore plus il a promis
Pardonner, dont ie me contente,
A Madamoiselle Constante,
Et à moy außi, promettant
D'en faire encor' demain autant,
Cela s'entend: mais par ma foy,
Ie regarderay mieux à moy,
Et à mon cas d'orenauant,
Que ie n'ay faict par cy deuant.
ȹ Ne uaudra-il pas mieux choisir,
A fin de prendre mon plaisir,
Quelque ieune homme, que tousiours
Languir aux miseres d'amours?
Si faict, pendant que la ieuneße
Esmeut dans mon cueur l'allegreße
Du doux amour, qui or' m'enlaße,
Et duquel desia Boniface
M'a faict sentir l'ébatement,
Mais ce sera secrettement:
Car uoyla, lon n'est iamais sage
Qu'apres les plaits: c'est c'est lusage
Du temps qui court, & pour uray dire,
Ma maistreße ueult tousiours rire
Au premier uenu, c'est tout un,
Autant aux nobles qu'au commun:
Et en cela gist tout l'affaire
De par dieu. Le Protenotaire
Dont elle tiro t tant d'escuz,
Maintenant n'y reuiendra plus,
Et uoyla autant de praticque

Estrangee de sa bouticque.
Mais il fault aller apprester
Le banquet. De uous inuiter,
Messeigneurs, i'auroy bonne enuie:
Mais, anenda, la compagnie
Qui est ceans mangeroit bien
Le Tresorier & tout son bien.


## F I N.

# LES ESBAHIS,
## COMEDIE PAR
IAQVES GREVIN DE
Cler-môt en Beauuaisis.

ENTREPARLEVRS.

| | |
|---|---|
| Ioſſe, | *Marchand.* |
| Marion, | *Lauandiere.* |
| Antoine, | *Seruiteur.* |
| L'aduocat. | |
| Le Gentilhomme. | |
| Iulien, | *Seruiteur.* |
| Panthaleoné, | *Italien.* |
| Magdalêne, | *Fille de Gerard.* |
| Claude, | *Macquerelle.* |
| Gerard, | *Marchand.* |
| Agnes, | *Femme de Ioſſe.* |

CESTE

# CESTE COMEDIE FVT MISE EN IEV AV COLLEGE DE BEAVVAIS A PARIS, LE XVI. IOVR DE FEVRIER, M. D. LX. APRES LA TRA-GEDIE DE I. CESAR ET LES IEVX SATYRIQVES, APPELLEZ COMMVNEE-MENT LES VEAVX.

## AVANT-IEV.

IE ne suis pas icy venu
Pour vous conter par le menu
Le discours de la Comedie:
Car ce seroit oster l'enuie
Que chacun de vous doit auoir
De nous entendre & de nous voir,
Attendant qu'elle soit parfaicte.
   Ie vien de la part du Poëte,
Lequel vous remonstre par moy
Ce qui plus le tient en esmoy:

Le premier poinct, c'eſt qu'on endure
Ces eſtourdis, faiſans Mercure
De chaſque bois mal raboté
Pour ſeruir l'Vniuerſité:
Vne grand' troupe mal choiſie
Se ioue de la poëſie,
Et impudente rimaſſant,
A cor-&-cry va pourchaſſant
Ceſte Deeſſe tant priſee,
Dont ils font naiſtre la riſee:
Car comme nouueaux baſteleurs,
A fin d'enrichir les fureurs
De leurs tragedies farcees,
Ou leurs farces moraliſees,
Pour la foibleſſe de leurs reins,
A trompettes & tabourins,
Et gros mots qu'on ne peult entendre,
Ils ſe font eſſaiez de rendre,
Et mouuoir au dedans du cueur
Du plus attentif auditeur
Vne pitié, vne miſere,
Au lieu qu'un bon vers le doit faire.
    L'autre poinct qui m'a faict venir,
Eſt pour vous faire ſouuenir
De ceſte plaincte, qui fut faicte
N'aguere encontre le Poëte,

Pour la rancune & le foucy
Des dames de ce quartier cy,
Qui pour eftre vn peu trop friandes
Feront fix plats de deux viandes:
Et alors qu'on n'y penfe pas,
D'vn rien elles feront grand cas:
Car quand le Poete penfe faire
Quelque chofe pour vous complaire,
Elles prennent opinion
Que c'eft à leur intention:
Et que toufiours on parle d'elles,
Si aux Comedies nouuelles
On a poffible découuert
Vn lieu de la place Maubert.
Et voyla ,ce que ie propofe
Fait que froidement il difpofe
Par fes vers,le gentil difcours
De ces tant heureufes amours:
Dont toutefois il eut enuie
De compofer la Comedie,
Que vous aurez prefentement.
Mais il n'a pas tant-feulement
Ofé mettre en efcript la rue,
Ou il a cefte affaire veue,
Craignant leur donner quelque ennuy:
Ce nonobftant i'ay fceu de luy

Comme vne chofe bien fecrette,
Que cefte Comedie eft faicte,
Sur le difcours de quelque amour,
Qui f'eft conduit au carefour
De fainct Seurin:mais ie vous prie,
D'autant que vous auez enuie
D'eftre fecrets,de tenir coy:
Car ie voy cy derriere moy
Le fire Ioffe:que perfonne
Ne face que trop il foubçonne:
Car notez qu'il eft fiancé,
Pourtant qu'il a toufiours penfé
Que madame Agnes eftoit morte.
Mais il fera,auant qu'il forte
De ce lieu,que fommairement
Vous cognoiftrez tout fon torment.

# ACTE PREMIER.

## SCENE I.

### IOSSE SEVL.

Amais ie ne m'eusse pensé
Estre en la fin recompensé
Si pauurement comme ie fuz.
Perdre ma femme & mes escuz,
Et qui plus est, la chalandise
De ma meilleure marchandise.
Mais ce n'est que le temps qui court:
Tousiours, tousiours ces gens de court
Nous payent en telle monnoye,
Et ne s'en uont iamais sans proye,
N'estimant l'homme uertueux
Qui ne desrobe ainsi comme eux.
Cependant, pauures que nous sommes,
Nous endurons ces gentilshommes,
Depuis le matin iusque au soir,
Se deuiser sur un contoir
Auec nos femmes, & ie pense
Qu'au millieu de telle licence
Ils parlent d'encherir le pain:
Et que pouuons le lendemain
Dormir la grasse matinee:
Car nostre besongne ordonnee,
Par ces galans est mieux parfaicte,
Que si nous mesmes l'auions faicte:
Et puis ie uous laisse à penser,
Comme ils sçauent recompencer
Vn si charitable seruice.

I.iij.

He dieu! cependant la iustice
Ferme l'oreille: & s'il aduient
Que le compagnon qui detient
Noz femmes ainsi abusees
Soit descouuert, quelles risees
En fera ce sot populaire!
Mais pourtant le ieu ne peult plaire
A ceux qui pour ce bel ouurage
Reçoyuent premiers le dommage:
Et n'est si bon entendement
Qui peust endurer ce torment
Sans y perdre la patience:
Ceux qui en font l'experience
Le peuuent seulement sçauoir,
Et n'ont le moyen d'y preuoir:
Car plus leur pensez uous deffendre,
Tant plus tachent ils d'entreprendre
Effrontément quelque moyen
Pour sortir de uostre lien.
  « Tant plus la chose est deffendue,
  « Tant plus est elle pretendue:
Et ne s'y fault rompre la teste:
Car une femme est tousiours preste
Depuis qu'elle a franchi le sault,
D'endurer uaillamment l'assault.
Et feroit grande conscience
De refuser la iouissance,
De ce qu'elle estime le mieux,
A quelque pauure langoureux.
   Voyla comment ceste mechante,
Dont orcs plus ie me tormente

Que ie n'ay point encore faict,
Esprouua son premier messaict:
Car depuis qu'elle eut commencé
Ce beau train, & qu'elle eut laißé
Attaindre le chat au fromage,
Laißant le profit du mesnage.
Sans me doubter de traïson,
Elle introduit dans ma maison
Son ruffien, qui sceut fort bien
Faire son profit de mon bien.
Et se uoyant l'heure opportune,
Sous l'ombre de male fortune,
Et faignant de prendre le soing
De m'aider en un tel besoing,
Il se monstra trop diligent
De sauuer ma femme & l'argent,
Et tout le meilleur de mes biens,
Comme s'ils eußent esté siens.
« Mais contre fortune bon cueur:
Ie suis sage par mon malheur.
Encore m'estimay-ie heureux
De rencontrer poßible mieux
Que ie n'eusse iamais pensé.
« On est plus souuent auancé,
« Apres la fortune enduree,
« A la richeße inesperee
« Par le moyen des bons amis.
Le uoisin Gerard m'a promis
Que l'alliance commencee
De Madelon ma fiancee
Se parfera l'un de ces iours:

I.iiij.

*Mais ie pense moy, que tousiours*
*Elle aura quelque fer qui loche:*
*Il semble à uoir que lon l'escorche,*
*Depuis qu'on luy parle du iour*
*Des espousailles. Si l'amour*
*Dont ie l'aime ne m'estoit plus*
*A esperer que les escuz*
*Que mon beau-pere m'a promis,*
*Iamais ne me fusse entremis*
*D'en faire porter la parolle.*
*Mais elle est encor toute folle:*
*Et si ie pense fermement*
*Qu'ell' ne sçait que c'est du torment*
*D'amour, & que la seule honte*
*Luy en fait tenir peu de compte,*
*Elle est encor toute tendrette,*
*Elle est encor toute ieunette:*
*Et par dieu tout consideré,*
*Tout le torment qu'ay enduré*
*Ne m'est rien, depuis que ie pense*
*Au soulas de ma iouissance,*
*Dont amour tousiours se renforce.*

## SCENE   II.

### MARION, IOSSE.

*D*A, *depuis que le sire Iosse*
*Est fiancé à Madelon,*
*Il est deuenu plus felon,*
*Plus bragard, & plus glorieux,*
*Que s'il estoit uenu des cieux.*
*Par deuant il estoit plus sale,*

Plus froiſſé qu'une uieille male,
Plus marmiteux & plus crotté:
Les ioües de chaſque coſté
Luy pendoyent d'un pied & demi,
Tant il ſembloit à l'Ennemi:
Car à le uoir ſi laid & ord
On l'euſt pris pour un homme mort,
L'amour luy eſtoit interdit.
Mais depuis que lon luy eut dict
Que ſa pauure femme eſtoit morte,
Il deuint bien d'un autre ſorte,
Vrayment il changea bien de peau:
Chaſſant l'ennuy de ſon cerueau,
Il fut plus ſerf de Madelon,
Qu'un cheual n'eſt à l'eſperon:
Mais qu'il tourne ailleurs ſa penſee,
Encore qu'il l'ait fiancee,
Par ma foy ce n'eſt pas pour luy:
Ie luy ueux tailler auiourdhuy
De la beſongne, & qu'il ne penſe
Receuoir ceſte recompenſe
Qu'un autre a bien mieux meritees
Elle eſt a autre ſainct uoüee,
I'en aimeroy bien la couleur,
Qu'un autre chaſſaſt pour Monſieur.
Mais ſi auray-ie cependant
Le chaperon, en attendant
De receuoir encore mieux
De ceſt autre ieune amoureux:
Il ne fault ſ'oublier derriere.

### Ioſſe.

N'eſt-ce pas cy ma lauandiere?
Ouy par ſainct ſean, c'eſt elle meſme.

### Marion.

Voici Ioſſe qui eſt plus bleſme
Qu'un treſpaſſé de quinze iours.
Quel uray champion en amours,
Qui ſe meſle encore d'aimer!
Il ſeruiroit bien d'alumer
Vn feu, qu'il ne pourroit eſtaindre:
Encore penſe-il bien attaindre
A l'endroit auquel il pretend:
Mais il en ſera mal content,
Qu'il en torche hardiment ſa bouche:
Mettez moy ceſte uieille ſouche
Aupres d'un feu ſi bien eſpris
Ou les plus huppez ſeroient pris.

### Ioſſe.

Et bien, Marion, ma ſuccree,
Mon bien, ma uie, & mieux aimee,
Mon tout, qui mon cueur reconforte,
Ie te prie, comment ſe porte
Ma Madelon.

### Marion.

Le mieux du monde.

### Ioſſe.

Ie l'aime tant.

### Marion.

Ell' uous ſeconde.

### Ioſſe.

Ha! Marion, ie l'aime tant,

Que iamais ie ne ſuis content,
Sinon quand i'ay de ſes nouuelles.
        Marion.
Vrayment c'eſt bien une des belles
De ce quartier,
            Ioſſe.
Si eſt,ſi eſt.
            Marion.
Mais une choſe luy deſplaiſt,
Que n'auez un habillement
Faict un petit plus proprement.
Vous portez cy une fourreure,
Et ſi encore la froidure
N'eſt point à craindre.
            Ioſſe.
Ie me ſerre
Pour la deſcente d'un caterre
Qui me chet deſſus la poictrine.
Il fault tenir noſtre cuiſine
Plus chaudement que de couſtume:
Encor auec cela, un rume,
Et une toux toutes les nuicts,
Entre autres,me fait tant d'ennuis,
Que preſque i'en ay rendu l'ame.
        Marion.
Et puis uous penſez qu'une femme
Se trouue bien auecque uous.
            Ioſſe.
Marion,ie croy que ma toux
Se tranſportera autre part.
        Marion.
Ma foy,c'eſt la toux du renard:

C'est le plus beau de tous uoz biens
### Ioſſe.
« Il n'eſt chaſſe que de uieux chiens:
Et puis urayment quant tout eſt diɛt,
Ie ne ſuis pas ſi uieil qu'on diɛt,
Ie ne ſuis qu'en fleur de mon aage.
Vrayment i'ay encor du courage.
A toy-meſme ie m'en raporte:
Tu ſçais que derriere la porte,
Ou ie te feis gaigner la bource,
Voulant recommencer la courſe,
Tu me dis que i'eſtois trop chaut
De uouloir redoubler le ſault,
Eſtant aſſez pour une fois.
### Marion.
ſainɛt Pierre,ce que i'en diſois
N'eſtoit que pour uous ſoulager:
Car uous n'euſſiez ſceu déloger
A uoſtre honneur,de la ſeconde.
### Ioſſe.
Encor'n'y a il homme au monde
Qui en face mieux ſon douoir.
### Marion.
Vous le feiſtes bien à ſçauoir,
Vous eſtes braue auanturier.
### Ioſſe.
Et uoyre aſſez bon eſcuyer
Pour,prenant gayment mon deliɛt,
Seruir ma Madelon au liɛt.
### Marion
Il eſt bon à uoir a uoz yeux,

Encore qu'il ſoient chaſſieux,
Qu'eſtes d'une bonne deffaicte.
Ioſſe.
I'ay encor'la uerte braiette:
Et nonobſtant que ie ſoy bleſme,
Si ay-ie mon outil de meſme,
D'un auſſi gaillard entretien
Que tu ſcaurois auoir le tien.
Marion.
Vous eſtes de ces grans parleurs,
Et auſſi des petis faiſeurs:
Vous eſtes trop beau pour bien mordre.
Ioſſe.
Si donneray-ie ſi bon ordre
A l'affaire, que pour le moins
Nous uuiderons les plus grands poincts:
Car ie ſuis de ſi bonne ſorte,
« Qu'a cheual qui uolontiers trotte
« Il ne fault donner l'eſperon.
Marion.
Mais parlez moy du chaperon
Que m'auez ſi long temps promis.
Ioſſe.
Marion, tu as des amis
En moy & au Sire Gerard,
Et croys que tu auras ta part,
Attendu que par ton moyen
Ie ſeray iouiſſant du bien
Que i'ay pretendu ſi long temps.
Enfin nous ſerons tous contens
Ne te ſoucie.

#### Marion.

Mais au poinct
Ce chaperon l'auray-ie poinct?
Ne uous en souuiendroit-il plus?

#### Iosse.

Marion, uoila deux escuz,
Achette ce que bon te semble.

#### Marion.

Comment cela?la main uous tremble:
Estes uous en amour pariure?

#### Iosse.

Vrayment Marion ie m'asseure,
Que quand tu faudras par le bec,
On ira dans Seine à pied sec:
Tu as tousiours le mot de guculle.

#### Marion.

Pourquoy non?suis-ie toute seule
Qui prend auiour-dhuy du bon temps?
Miché,si mes desirs contens
Font à ma uie bonne escorte,
Ie uiuray,quant ic seray morte,
Vng chascun sera mort pour moy.

#### Iosse.

Et moy ie feray comme toy:
Car Madelon,comme ie pense,
Ne demande qu'esiouïssance,
Et moy,de rire c'est mon tout.

#### Marion.

Ell' uous mettra sus le haut bout,
Ell' ne prent pas melancolie,
Ell' uous fera durer la uie

Dix ans d'auantage, & si i'ose
Vous bien aduertir d'une chose,
Quell'entend que c'est d'u mesnage.
####### Iosse.
Et voyla pourquoy d'auantage
Ie me suis mis en mon deuoir
De chercher moyen de l'auoir,
N'ayant grand esgard au doire,
Affin de plustost me complaire:
Voyla pourquoy, quoy que ce soit.
####### Marion.
« Qui bon l'achette, bon le boit.
####### Iosse.
Mais Marion, allons la uoir:
Car i'ay enuie de sçauoir
Comment il ua de sa santé,
Et ne puis estre contanté
Si moy-mesme ie ne la uoy.
###### Marion.
Fiez uous hardiment en moy,
Vous ne le débuez pour cet'heure.
####### Iosse.
Faudra-il donc que ie demeure
Si long temps sans parler à elle?
###### Marion.
Ie uous en apporte nouuelle,
Suffise uous, & quand à moy,
Ie uous ueux mettre hors d'esmoy:
Car mesme i'ay plus grand'enuie
De uous uoir auec uostre amie,
Que uous, par maniere de dire,

Et d'autant que ie le defire,
Ie uous pry' de uous contenter:
Vous fcauez qu'il fault fupporter
La ieune fille à marier.
Or' elle m'enuoye prier
Ses compagnes, pour auecque elles
Deuifer de quelques nouuelles,
Et banqueter toutes enfemble.
Pour dire le uray, il me femble
Qu'il uault beaucoup mieux les laiffer
A leur priué, ores danfer
Sur les chanfons, ore à loifir
Mille & mille propos choifir,
Pour en deuifant de l'amour
Paffer le demourant du iour.
            Ioffe.
Ie le ueux bien, & ce pendant
Que ie fuis le iour attendant
Des nopces, ie me recommande
A Madelon, & qu'ell' f'attende
De bien trouuer à qui parler.
            Marion.
Il uous fault apprendre à baller
En ce pendant, car il ne fault
Qu'a ce iour il y ait deffault
D'efbatement.
            Ioffe.
Cela f'entend,
Et croy que Madelon f'attend
De monftrer ce qu'elle fcait faire.

Marion.

### Marion.

Et tout cela pour uous complaire,
Mais uous en payrez bien l'escot:
A dieu donc Sire Iosse.

### Iosse.

Vn mot.

### Marion.

Et bien que me uoulez uous dire?

### Iosse.

Ie ne me puis tenir de rire:
Fay mes recommandations.

### Marion.

Si feray. Les intentions
Et fins du repos tourmenté
De ce uieil renard edenté
Serõt par moy mis à neant,
Qu'il soit tant qu'il uoudra béant,
Si n'aura-il pas la béquee.
La marchandise est-ia troquee
A un marchant qui prend le tout,
Il en à beau chercher le bout,
Si est-il ia tout arresté,
Qu'il sera par moy debouté.
   Mais pensez qu'il feroit bon ueoir
Vn tel compagnon receuoir
Le bien qu'un aultre á mieux gaigné.
Ce uieil fantosme renfroigné,
Ce loup, ce hibou, ceste Lerne,
Qui pourroit seruir de lanterne
S'il auoit un feu dans le corps,
Le mesme espouantail des mors.

*Encore faict-il l'amoureux,*
*Tout morueux & tout chaßieux*
*Qu'il est. Ha par la mercy dieu,*
*Iamais ie ne sorte du lieu*
*Pour m'en aller en aultre part,*
*Si son pere sire Gerard*
*N'en deburoit rougir de grand honte,*
*D'en tenir un si peu de compte.*
*Et si ie ueux bien qu'il le sache:*
*« Il semble à ueoir a uieille uache*
*« Qu'oncques genise ne besa.*
*Maudict, qui premier s'aduisa*
*De brasser un tel mariage,*
*Dont il faudra que le mesnage*
*Soit faict la fable au populaire.*

## SCENE III.

### ANTHOINE,     MARION.

*ET par dieu ie ne m'en puis taire:*
*Depuis que ce badin mon maistre*
*Est amoureux, on ne peult estre*
*En repos dedans la maison,*
*Il y a tousiours à foison*
*Assez de matiere nouuelle*
*Pour abestir une ceruelle.*

   *Iouant tout seul son personnage,*
*Ou il deuise du mesnage*
*Qu'il doiot tenir cy en apres:*
*Et mesme, il n'est pas des retraits*
*Qui ne leur ordonne leur place.*

Maintenant il laue sa face,
Maintenant frizant ses cheueux,
Il uous contrefaict l'amoureux
Auec une petite chatte,
Que par parolles il afflate
Ainsi qu'une ieune tendrette,
Or il dict, uoyla la chambrette,
Ou Madelon scaura comment
On l'engendra premierement:
Puis tout en un coup furieux,
Grinsant les dens, rouillant les yeux,
Criant si haut que tout en tremble,
Il nous faict uenir tous ensemble:
Guillaume, uiens cy me pigner,
Toy, ua-ten chez le cuisinier,
Toy ua-ten chez le porte chappe,
Et toy, ua-ten uoir si ma cappe,
Mon grand saie, & mõ uiel pourpoinct,
Sont racoustrez à mon apoinct.
Quand à moy, comme plus fidelle,
Ie sers de porter la nouuelle
De son estat à Madalêne:
Et la nouuelle plus certaine,
Comme ie puis aperceuoir,
Est qu'elle ne le ueult auoir
Selon sa maniere de faire.
Et de cela ie m'en ueux taire,
I'entens un petit mieux mon cas,
Car urayment ie ne seroy pas
Le bien uenu par ce moyen:
     Deuant l'huis, un Italien

K.ij.

Prend plaisir d'estre regardé,
Auec son lut mal acordé,
«Et ne pouuez faillir l'y uoir
Depuis qu'il approche le soir:
Ceste chose luy est commune.
Il y en à un autre ieune
·De bonnet rond, qui a la mine
D'aussi tost baiser sa uoisine
Que quelque estrange, c'est tout un:
Et si le bruit est tout commun,
Que ce n'est d'enhuy qu'il commance.
A luy demander iouissance
De son trauail: puis la priere
Adressee à la Lauandiere,
A grand peine se fera-il,
Que par quelque moyen subtil
Il ne guarisse son esmoy.
Et si ie pense, par ma foy,
Ou le commun prouerbe ment,
Qu'il ne se peult faire aultrement
Que Madeleine ne le face:
Car elle tient cela de race,
« Et puis la fille uolontiers
« Est tousiours suiuant les sentiers
« De la mere, ainsi comme il fault.

Marion.

Qui est-ce qui parle si hault?
C'est Anthoine, le seruiteur
Du sire Iosse, & tant meilleur.
Ores ie luy pourray tirer
Les uers du nez, & l'attirer

*De noſtre part ſ'il ſe peult faire.*
### Anthoine.
*C'eſt Marion, il me fault taire*
*Pour ſçauoir ſi ie pourray point*
*Entendre d'elle quelque point.*
*Si m'en fault-il ſçauoir la fin.*
### Marion.
*“ Ha, par ma foy, fin contre fin*
*“ Ne uault rien à faire doubleure.*
*Et pour autant que ie m'aſſeure*
*Qu'il uient icy pour eſpier*
*S'il ne nous pourroit point lier*
*Par noz parolles, ie feray*
*Si finement que ie ſcauray*
*Tout le but auquel il pretend.*
### Anthoine.
*Ie croy que Marion m'attend.*
### Marion.
*Et bien Anthoine, ou allez uous?*
### Anthoine.
*Scauez uous pas bien qu'a tout coups*
*Il nous fault courir çà & là.*
### Marion.
*Pour uoſtre amoureux.*
### Anthoine
*C'eſt cela.*
*Il eſt bien homme plus eſtrange,*
*Que ſi bien-toſt il ne ſe change*
*Il nous fera tous enrager.*
*Mais i'ay bon eſpoir de uanger*
*Sa folie, ſ'il ſe peut faire.*

K. iij.

Ma foy ie n'ay la teſte entiere,
Et luy n'a pas langue à moitié
Pour ſa uie.
#### Marion.
C'eſt l'amitié
Qu'il luy faict faire ce qu'il faict.
#### Anthoine.
Tant que ſon uouloir ſoit parfaict
Nous n'en uerrons point aultre choſe:
Au diable l'un qui ſe repoſe
De cinq ſeruiteurs que nous ſommes.
Et croy moy que les Gentils-hommes
Ne furent onc ſi difficilles
Comme ces Mercadans de uilles,
Ces benetz, coquarts, glorieux,
Soubz l'ombre qu'il ſont amoureux.
#### Marion.
Anthoine, qui auroit affaire
De uoſtre ayde en ce mien affaire
En pourroit-on finir à l'aiſe?
#### Anthoine.
Il n'ya rien qui plus me plaiſe
Que de m'employer pour l'amour
De uous, & ſ'il fault faire un tour,
Il n'ya pas homme en ce monde,
Qui pluſtoſt que moy uous ſeconde.
#### Marion.
C'eſt aſſez, ie n'en ueux pas plus :
Auſſi n'eſt-il pas de refus
« Quant tout eſt dict, & au beſoing
« Cognoiſt on l'amy.

### Anthoine.

N'ayez soing:
Et ne fust que pour l'amour d'elle,
Vous me trouuerez plus fidele.
C'est assez dict. Croyez la foy.

### Marion.

Aussi le pouuez uous de moy.
Ou allez uous si uitement?

### Anthoine.

Ie uay querre un habillement
Chez le tailleur, & au retour
Nous deuiserons.

### Marion.

Le seiour
N'est des meilleurs en cest affaire:
si est-ce qu'il me fault tant faire,
Que i'aduertisse de cecy,
Monsieur, qui en est en soucy.

### Anthoine.

« Par dieu i'estime une grand beste,
« Celluy-la qui met en sa teste,
« Et qui arreste en son courage
« Prendre une femme en mariage:
« Car il ne delibere poinct
« Chose qui soit à son apoinct.
« S'il la prend auecque richesse,
« Il espousera sa maistresse.
« S'il la prend pauure, quel mal-heur!
« Il faudra qu'estant seruiteur,
« Au lieu qu'il uiuoit trop heureux
« Pour un il en nourrisse deux.

« Et s'il la ueult laide choisir,
« Il n'en aura aucun plaisir:
« Si elle est belle, un coqüage
« Compagnera son mariage,
« Tousiours en un coin à l'escart,
« Le uoisin en aura sa part.
« Ainsi, qui s'y ueult arrester,
« Celuy là ne peult euiter
« Le ioug de la trop sotte loy
« Qu'une femme porte auec soy:
« Ioinct que l'homme qui se marie,
« Ressemble à un mulet qu'on lie
« L'espace d'un iour tout entier
« Sans foin beant au ratelier.

# ACTE SECOND.

## SCENE I.

## L'ADVOCAT SEVL.

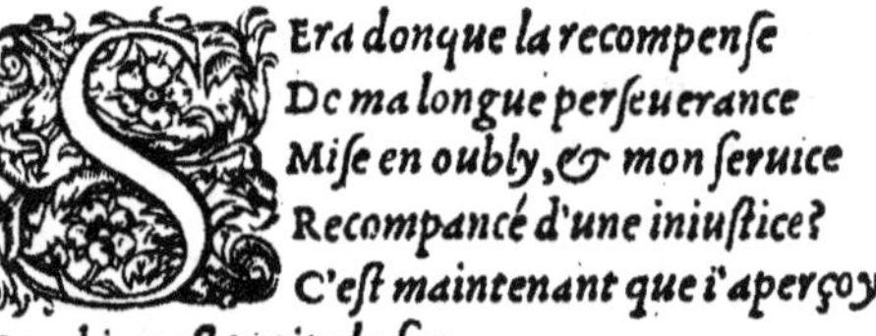

Era donque la recompense
De ma longue perseuerance
Mise en oubly, & mon seruice
Recompancé d'une iniustice?
C'est maintenant que i'aperçoy
Combien est petite la foy,
Et combien au double est traistresse,
La saincte uoix d'une maistresse:
Le doux apast, & l'entretien,
La mignardise & beau maintien,
Qui me feirent son seruiteur,

Defguiferent l'amour menteur.
Ils le fceurent fi bien mafquer,
Qu'or' que ce fuft pour me mocquer,
Si ne le peu-ie aperçeuoir,
Tant bien me fceurent deçeuoir,
Triomphans de ma propre honte
Captif du Dieu qui me furmonte.
　Ha, Madelon, qui l'euft penfé,
Que noftre amour encommencé,
Voire affeuré par le ferment
S'affuietift au changement?
Ha promeffe mal affeuree!
Promeffe de peu de duree !
Promeffe qui toft fe déguife,
Ne uoyant la chofe promife !
Qu'on uienne maintenant uanter,
Qu'on uienne maintenant chanter
La foy des Dames: & encore
Qu'on les craigne, & qu'on les honore,
Ayant receu pour tel labeur
En fin le comble de malheur.
Ainfi la fainête paßion
Ne defcouure l'intention
Qu'elles cachent fous l'apparence
De leur pretendue impuiffance:
Car fi auez tourné le dos,
Ell' uferont de mefmes mots
A l'endroit d'un nouueau uenu.
Ce pendant lon eft detenu
Par le moyen de la feintife
D'une attrayante mignardife:

*Ma Madelon que i'aimoy mieux*
*Ny que mon cueur,ny que mes yeux:*
*Qui pour son amour acquerir,*
*M'a faict cent fois le iour mourir,*
*A qui,comme un uray seruiteur,*
*I'auoy du tout uoué mon cueur,*
*Elle qui le print agreable,*
*Et se uantoit d'estre immuable,*
*N'ayant souuenance de moy*
*Maintenant à faulse sa foy,*
*Se sentant bien recompensee*
*De se uoir estre fiancee*
*A un uieillard de cinquante ans.*

## SCENE II.

### IVLIEN, LE GENTILHOMME, L'ADVOCAT.

*NOn non,monsieur,il pert le temps,*
*Il en a beau estre faché,*
*C'est tout autant de dépesché:*
*Qu'il en quitte hardiment sa part,*
*Car i'ay ueu le sire Gerard*
*Qui en parloit au rotisseur.*
*Vous pouuez bien en estre seur,*
*Et le tenir pour tout certain:*
*Car tout au plus tard,des demain*
*Elle aura Iosse pour mari.*

Le Gentilhomme.

*Par dieu,i'en suis autant marri*
*Que luy-mesme:car quoy que soit*

Tout le malheur qu'il en reçoit
Ie le pense m'appartenir:
Mais ne le uoyci pas uenir?
Il nous fault trouuer le moyen
De le depestrer du lien
Duquel il est si fort estraint.

### L'aduocat.

L'impatience me contraint
De penser à toute autre chose,
Qu'au but lequel ie me propose.

### Le Gentilhomme.

Et bien cousin, que dit le cueur?
Fault-il que l'amour soit uainqueur
De uostre liberté? comment?
Ne sçauez uous point autrement
Commander à uostre appetit?
Il uous fault petit à petit
Estaindre ce feu attizé.

### L'aduocat.

« Ha cousin! qu'il uous est aisé
« Cependant qu'estes en santé
« De conseiller un tormenté:
Mais si auiez à uostre tour
Esprouué que c'est de l'amour
Comme i'ay fuict, ie ne dy rien.

### Le Gentilhomme.

Laissons cela, ie l'enten bien:
Mais uo us deuez aussi penser,
Que pour mieux uous recompencer
Du tour qu'a fuict ceste cruelle,
C'est de ne tenir conte d'elle,

Ainſi comme elle fait de uous,
Et faire or-auant comme nous,
Les choiſir au iour la iournee.
L'aduocat.
Ha,couſin ʔelle eſt trop bien nee
Pour l'oublier ſi promptement.
Ie me plaiſois en mon torment,
Voyant une telle beauté
Triompher de ma liberté.
Le gentilhomme.
Ie le confeſſe,& n'euſt eſté
L'amour & la fidelité
Que nous auons entre nous deux,
Moymeſme i'en fuſſe amoureux:
Mais depuis qu'elle eſt fiancee
L'affection eſt effaçee,
Il fault chercher ſon auanture
En autre lieu.
L'aduocat.
Ha point,ie iure
Que touſiours ſon ſeruant ſeray,
Et que iamais n'alumeray
Dans mon cueur autres eſtincelles.
Le gentilhomme.
Si en trouue lon d'auſſi belles.
Penſez que d'une autre beauté
Vous pouuez eſtre ſurmonté,
Et qu'on peult gaigner uoſtre cueur
Pour uous rendre encor ſeruiteur
D'une autre dame:& ſi penſez,
Qu'il y en a encore aſſez

Dedans Paris, qui uoudroit bien
Estre des uostres: hé combien
Elles se sentiroient heureuses,
Si quelques flammes amoureuses
Eschauffoient uostre liberté
Faicte serue de leur beauté,
Iamais ne receutes que peine
Poursuyuant uostre Madalène:
Ores fasché, ores pensif,
Ores haté, ores tardif:
Le iour mourant cinquante fois
Pour son amour, & toutefois,
Si uous regardant d'un bon œil,
Elle uous monstroit quelque accueil,
Il estoit de peu de duree:
La uolonté mal asseuree
Vous en monstroit assez l'issue.

### L'aduocat.

Cousin, tant plus ie m'esuertue
De luy resister uaillamment,
Plus ie sens croistre mon torment:
Au demeurant, ie delibere
De mourir en telle misere.

### Iulien.

Il n'ha garde de la lascher:
Car si bien luy sceut attacher
A gros clous d'amour sa pensee,
Qu'ores qu'elle feut eslancee
En pleine mer à uoile & rames,
Si est-ce que ces chaudes flâmes
La repousseroient sur le port

En depit de tout autre effort.
       Le Gentilhomme.
Or, puis que desia ceste dame,
Qui uous a beu le sang & l'ame,
Vous a donté, trouuons moyen
D'y paruenir.
       L'aduocat.
Mais Iulien,
Qu'est-ce qu'en dit la Lauandiere?
       Iulien.
Tousiours une instante priere,
Au nom de uostre Madelon:
Et dit que le pere felon
L'auoit par menaces contrainte,
Et qu'ore une longue complainte,
Demonstre assez la repentance
Qu'elle fait pour son inconstance,
S'estimant d'autant miserable.
       Le Gentilhomme.
« Il est temps de fermer l'estable
« Quand les cheuaux s'en sont fuis.
       Iulien.
Elle en endure assez d'ennuis:
Mais il fault seulement chercher
Le moyen de tout empescher,
Et embrouiller tou' leur affaire.
       L'aduocat.
Ouy bien, si tu le pouuois faire.
       Iulien.
Laissez, ie le feray moymesme:
« Quand la maladie est extrême

« On ufe de medicamens
« Commodes au plus fors tormens.
Mais fi iamais un bon moyen
Fuft inuenté par Iulien,
Or ie le ueux faire à fçauoir:
Ie ueux bien monftrer quel pouuoir
I'ay en cela, & quelle enuie
I'ay de feruir toute ma uie
Ceftuy auquel ie doy feruice:
Il n'eft chofe que ie ne feiffe.
En ceft affaire, & le merite
A plus entreprendre m'incite,
Monftrant que ie ueux toufiours eftre
Seruiable à un fi bon maiftre,
Pour le tirer d'un tel lien.

L'aduocat.

Et ie t'affeure, Iulien,
Que fi ie reçoy iouiffance
De Madelon, la recompence
Que tu en receuras de moy,
Tefmoignera quelle eft la foy
Que ie t'auoy promis à l'heure
Que tu entras en mon demeure.

Iulien.

« Auffi la liberalité
« Incite la fidelité
« D'un feruiteur obeiffant.
Mais auant qu'eftre iouiffant
Laiffons la promeffe derniere,
Tant feulement la Lauandiere
Me peult à cet' heure feruir.

### L'aduocat.

S'il ne tient que de la rauir,
Ie hasarderay mon honneur.

### Iulien.

« Il ne fault point de rauisseur
« Quand la partie en est contente.
Et quant à cela, ie me uante
D'en uenir aussi tost à bout
Qu'homme de mon estat.

### Le Gentilhomme.

Le tout
Est maintenant entre tes mains.

### Iulien.

Laissez moy faire, pour le moins,
Si le conseil ne me default,
Il en aura le premier sault,
Pour le loyer de son amour.

### Le Gentilhomme.

Va, Iulien, & au retour
Passe chez Claude, pour sçauoir
Si ie ne pourray rien auoir:
Ie m'esbahy qu'ell' ne reuient.

### Iulien.

« Tousiours l'aueugle se souuient
« De son baston, & le nocher
« Apres le choc d'un gros rocher,
« Racompte le danger des uens:
« Le bouuier reuenu des champs,
« Parle de ses bœufs: le gendarme
« Eschappé d'une forte alarme,
« Conte ses plaies rapportees:

« Le berger des brebis contees .
« Retient le nombre. Or tourne chance,
« Celuy n'a pas faict qui commence.
I'ay de la besongne taillee
Pour Marion bien esueillee:
Mais ce qui plus me reconforte,
C'est qu'elle est bien la plus accorte
Et d'une aussi belle uenue
Pour liurer une garce nue,
Que femme qui soit à Paris.
Ie m'en rapporte à ces maris
Qui ont esprouué bien souuent
Quelle marchandise elle uent.
Et entant qu'elle est lauandiere
Elle blanchit la piece entiere:
Puis urayment qui en un besoing
La trouueroit en quelque coing,
Encor feroit il conscience
De ne la prendre en patience,
Tout au fin moins pour l'esprouuer.
Mais, baste, il me la fault trouuer
Quoy qu'il en soit. c'est maintenant
Si tu as de l'entendement
Iulien, qu'il te fault mettre ordre
A cet auantureux desordre.

## SCENE        III.

### MESSERE PANTHALEONE,
### IVLIEN.

HA! grande chose de l'amour,
Qui me tormentant nuict & iour,

*Ne ueult permettre aucunement*
*A ce grand mal allegement.*
*Ha dieu! si seulement ma peine*
*Estoit cognue à Madalène,*
*Ie suis asseuré que son cueur*
*Auroit pitié de ma langueur.*
*En despetto de ce uieil pere,*
*Qui empesche que ma priere*
*Ne peult uenir à Madelon:*
*Despetto du pere felon,*
*Et du ieune aduocat aussi*
*Qui me cause tout mon soucy,*
*Et me met le Martel en teste:*
*Mais dès cet' heure ie proteste*
*De chercher un autre moyen.*

Iulien.

*Par dieu, uoyci l'Italien*
*Messer Coioni, c'est luy-mesme.*

Panthaleoné.

*Ha dieu! ie sen mon mal extrême,*
*Et n'aperçoy qu'une rigueur*
*De la part de ce Dieu uainqueur.*

Iulien.

*Ha poltron, ce n'est pas pour toy*
*Que le four chauffe.*

Panthaleoné.

*O quel émoy,*
*Et quel torment est ordonné*
*Au pauure Panthaleoné!*

Iulien.

*Helas le pauure langoureux.*

### Panthaleoné.

Mon ſeul malheur uint des beaux yeux
De ma cruelle, auſsi ma peine
S'amoindrira par Madalêne.

### Iulien.

Vous en aurez menti, forfante.

### Panthaleoné.

Encor ce qui plus me contente,
C'eſt ſa grace, c'eſt ſa beauté,
Et ne m'eſt rien la cruauté,
Puis que ie ſuis le ſeruiteur
D'une dame de ſi hault cueur.

### Iulien.

Voyez moy ce braue Meſſerre,
Il luy ſemble à uoir que la terre
N'eſt pas digne de le porter.
Vous le uerrez tantoſt uanter,
Tantoſt éleuer ſes beaux faicts,
Et conter ceux qu'il a deffaicts
A la priſe d'un poulallier,
Et comme il ſçait bien batailler
Quand il fault rompre un huys ouuert,
Ou bien un paſté deſcouuert
Pour y plonger ſes mains dedans.
Le uoyez uous curer ſes dens,
Il a diſné d'une ſalade,
Et au deſſert d'une gambade,
Puis le uoy la friſque & gaillard
Deuant l'huys de ſire Gerard
Faiſant l'amour, & ie m'aſſeure
Qu'il y aura bien de l'ordure,

Si Monſieur le ſçait une fois,
Et qu'il luy trouue, car le bois
Sera cher ſ il n'en a ſa part.
Il l'enuoira bien autre part
Trainer ſes dandrilles. Par dieu,
S'il eſt rencontré en ce lieu,
Il en maudira la iournee
Qu'il commença ceſte menee:
Car Monſieur eſt d'une nature
Qu'il n'endurera ceſte iniure.

### Panthaleoné.

Per rihauer l'ingegno mio m'è auiſo,
Che non biſogna, che per l'arra io poggi
Nel cetchio de la Luʋa, o in Paradiſo:
Che'l mio non credo, che tant' alto alloggi.
Ne' bei voſtri occhi e nel ſereno viſo,
Nel ſen d'auorio, e alabaſtrini poggi
Se ne va errando & io conqueſte labbia
Lo corrèſe vi par, ch io lo rihabbia.

### Iulien.

Forfanti, Coioni, Poltroni,
Li compagnoni di Toni,
Le mal ſan Lazaro te uingue,
Et le mau de terre te tinge.

## SCENE IIII.

### MARION,     IVLIEN.

Mais ne uoici pas grand pitié!
Ie ne ſçay moy quelle amitié
Regne auiourdhuy: noſtre aduocat,
Qui touſiours auoit faict l'eſtat
D'un uray amoureux, maintenant

Est deuenu tout autrement:
Il a changé d'opinion,
Comme ie pense.

### Iulien.

Marion.

### Marion.

Encor la pauure Madalêne,
Est maintenant en plus grand peine
Qu'elle ne fut onc, de iour en iour
Autant luy redouble l'amour,
Que le iour des noces approche.
Ie luy feray tant de reproche
A ce Monsieur la, qui se cache
En un tel besoin, il est lasche
En amour, & d'un autre cucur
Que ne pensoy: son seruiteur
Qui m'auoit faict hier promesse,
Qu'il se trouueroit à la messe
Pour parler à elle & à moy,
N'en a faict conte.

### Iulien.

Ha, c'est à toy
Iulien, à qui elle en ucult.

### Marion.

La pauure fille plus n'en peult,
Tant ores ell' est esploree,
Elle est toute desesperee,
Voyant qu'il n'en fait plus de conte:
Aussi deuroit il auoir honte
De promettre & ne rien tenir.
Mais ne le uoy-ie pas uenir

Mon Iulien, qui me regarde?
#### Iulien.
Vrayment Marion, l'on n'a garde
De te prendre iamais d'assault.
#### Marion.
Or sçais tu bien que c'est? il fault
Marcher par un autre sentier:
Car il n'est maintenant mestier
De brebis tondre: sçaiz-tu quoy?
Il fault que tu soys auec moy,
Puis qu'il nous en fault eschapper:
Il nous fault tascher de tromper
Cestuy qui nous uient au deuant.
#### Iulien.
Il semble qu'il uoyse resuant,
Et qu'il perde a-moytié sa force.
#### Marion.
Cest ung des seruiteurs de Iosse:
Iamais n'eurent œuure laissee,
Depuis que fust encommancee
Ceste mal-heureuse alliance.
#### Iulien.
Mais Marion, quelle esperance
As tu en luy?
#### Marion.
Ie te diray
Le moyen: c'est que i'essayray
Ou par promesse, ou autrement,
D'emprunter cet habillement
Qu'il porte, & ie t'asseure bien,
Que s'il nous ueult faire ce bien,

Monſieur ſera un beau meſnage,
S'il ueult iouer ſon perſonnage
Auecque moy: premierement
Deſſoubz ce faulx habillement
Ie le mettray dans la chambrette
De Madelon: ou la tendrette
Ne ſera du tout ſi mauuaiſe,
Quell' n'endure bien qu'on la baiſe:
Ell' ne ſera pas ſi farouche,
Que deſſus le coing de ſa couche
Elle ne ſoubtienne aiſement
La peine d'un ſi doux tourment.
Et uienne ce qu'il en pourra,
Quand ores Gerard le ſcaura,
Que premierement ilſ'accuſe
Que reprendre une telle ruſe.

Iulian.

Ainſi il en aura le ſault,
Tout au pis aller.

Marion.

Il nous fault
Trouuer moyen de le mener
Iuſque à mon logis reſſiner.
Et ce pendant tu t'en iras
En uoſtre logis, & diras
A Monſieur qu'il ſe uienne rendre
Chez moy, ſans plus long temps attendre.

SCENE.   V.

ANTHOINE, MARION,

Voyla, uoyla ma Lauandiere,
Qui merque ainſi comme fourriere

L. iiij.

*Les logis d'un nouuel amour.*
*Iamais elle n'est de seiour,*
*Et le iour dura-il un moys.*
Marion..

*Miché, quelque fin que tu sois,*
*Si ne m'eschapperas tu pas.*
*Il y fault aller par compas*
*Encor qu'il soit niez.*
Anthoine.

*Et bien*
*Marion, de quel entretien*
*Voulez uous user enuers moy?*
Marion.

*Anthoine mon fils, & mon Roy,*
*Mon petit mignon, ie te prie*
*De me faire passer l'enuie,*
*Te donnant la collation:*
*Car par ma foy l'intention*
*Que i'ay de banqueter ensemble*
*Est plus grande qu'il ne te semble,*
Anthoine.

*Et urayment i'en suis trescontent:*
*Si uous l'aymez, ie l'ayme autant:*
*Car tout ce que plus ie desire*
*Au monde, c'est de tousiours rire,*
*Et prendre le temps comme il uient.*
Marion.

*Anthoine, cuand il me souuient*
*Du mal qu'il me fault endurer,*
*Ie ne puis tenir de plorer,*
*Ou est le temps & la liesse*

Quand dame Agnes uoſtre maiſtreſſe,
(A qui Dieu ueuille pardonner
Les fautes) nous faiſoit donner
Du meilleur uin, prenant plaiſir
Lors que nous eſtions de loiſir,
A rire & nous rendre contans.
Hé ma foy, ce n'eſt plus le temps:
Les gens du iourdhuy ne font plus
Que deuiſer de leurs eſcuz.
Ce n'eſt rien de uoſtre maiſon
Au pris de ce temps, la ſaiſon
Eſt bien changee, auſſi urayment
Vous endurez plus de tourment,
Rompemens de teſte & de peine,
Au meilleur iour de la ſepmaine,
Qu'on ne faiſoit toute l'annee.

### Anthoine.

Marion, la chanſe eſt tournee:
Mais i'eſpere bien deſormais,
De rire encor plus que iamais.

### Marion.

Sus ſus Anthoine, entrons dedans.

## SCENE VI.

### MADALENE SEVLE.

Hélla fleur de mes ieunes ans
S'en ira elle ainſi perdue,
Et la ioye tant attendue
Miſe à neant, par la contrainte
D'une trop enuieuſe crainte?

C'eſt or' que ie ſen la puiſſance
D'amour, mais, las! mon impuiſſance,
Les menaces, & la promeſſe
M'ont remis en telle deſtreſſe,
Qu'ores que ie ueille une choſe,
Toutefois l'honneur ſi oppoſe:
Et ſ'il ne m'eſtoit d'auantage
Que la uie, & qu'a mon courage
Ie uoulſiſſe croire, le cueur
Prendroit fin auec mon honneur.
Vn ſeul auroit la iouiſſance
De ſa longue perſeuerance,
Non pas un uieillard edenté,
Qui iamais ne l'a merité,
Et qui ne l'aura, quoy qu'il ſoit.
« Hé dieu! qu'un pere ſe deçoit,
« Penſant contraindre le uouloir
« D'un enfant, & qui pour auoir
« L'auarice au deuant des yeux
« Force les hommes & les dieux:
Nous arrachant la iouiſſance
De ce qui eſt en la puiſſance,
Ou doit eſtre en la liberté
De noſtre libre uolonté.

    Ils font leur marché plus ſouuent,
Comme d'un cheual qui ſe uent
Au plus offrant, & qui plus donne,
Et moins ueult auoir, on l'ordonne
Premier refuſant du marché,
Qui pourtant ne ſera laſché
Du premier coup: car on attend

Vn qui ne demandra pas tant,
S'il est poßible. außi tousiours,
Nous uoyons de telles amours,
Ensuyure un außi seur mesnage,
Qu'est asseuré le mariage
Auec un qu'on ne uit iamais,
Que lors qu'on se fiance: mais
En uain ie me plains du malheur,
I'en accuse mon lasche cueur,
Et ma langue par trop legere
Seule cause de ma misere.
Hé vierge de grace! comment
Supporteray-ie le torment
Qu'or' il me conuient endurer?
La seule attente, & l'esperer
Qui auoyent compagné ma uie
Me sont ostez. & m'est rauie,
Seulement par une auarice,
Vne contrainte, une iniustice,
Vne rigueur & cruauté,
La douceur & la liberté
Et celuy que i'aymois le mieux.
Puis-ie bien me monstrer aux cieux?
Puis-ie uenir en leur presence
Coulpable de tell' inconstance?
Veult bien la terre me porter?
Veult bien l'air sans me tormenter
Rafraichir de sa doulce aleine?
A iamais nature inhumaine,
Et un remord de conscience
Puisse uenger mon inconstance.

*Si est-ce qu'il fault que l'amour*
*Iouisse de moy à son tour:*
*Car auant que faire un tel tort*
*A mon ami, la seule mort*
*Vengera mon infirmité*
*Exemple à la posterité.*

# ACTE TROISIEME.

### SCENE I.

### CLAVDE SEVLE.

*E ne scay moy quel temps il court,*
*Mais ces Gentils-hommes de court*
*Sont plus frois & plus effacez*
*Que la bouche des trespassez:*
*Chascun reserre son bagage,*
*Renonçant du tout à l'usage*
*Du bas mestier, & uous asseure*
*Que si quelqu'un d'eux d'auanture*
*Prent son plaisir, la recompense*
*Ensuit leur petite despence:*
*Bref ce n'est plus ce qui souloit.*
   *Iay ueu que si quelqu'un uouloit*
*Auoir une assignation,*
*L'escu pour la collation*
*Ne manquoit iamais, ce pendant*
*Que la dame estoit attendant:*
*Et entre nous, Dieu sçait la chere*
*Tant que la bource estoit entiere.*
*Mais auiourdhuy, nicque pour eux,*
*Ce ne sont plus que des morueux,*

Qui uous iront uoir mille fois
Sous l'ombre d'un boisseau de pois:
Et si uous en uoulez grongner,
Subit les uerrez renfrongner
En uous menassant: & ne fault
Aux promesses faire default:
Car ils s'en sçauroient bien uenger.
Puis quand se uient au desloger
Blanque pour toute recompense,
Vne brauade, une arrogance,
Vn ie despite, un ie renie:
Et puis, que lon gaigne sa uie
Auec ces paieurs en gambades,
Qui le plus souuent d'algarades
Vous saluront toutes les nuicts.
Et uoyla comme ores i'en suis:
Pour autant que tous me cognoissent
De crier & hurter ne cessent,
Vsans quasi d'une main forte
Pour rompre & enfoncer ma porte,
Depuis quinze iours seulement,
Qu'ils ont peu entendre le uent
De dame Agnes qui est chez moy.
Mais ie proteste icy ma foy,
(Que ie ne uoudroy pariurer)
De trouuer moyen d'asseurer
Si bien or-auant mon affaire,
Qu'il n'y aura protenotaire,
Ny courtizan, tant braue soit,
Qui ose regarder le toict
De mon logis sans beste uendre.

*Et ou ils uoudront l'entreprendre,*
*Ie m'en raporte aux malcontens.*
   *Ie ne sçay moy depuis quel temps*
*Ce malheur nous est aduenu,*
*Mais l'estat n'est plus maintenu*
*Comme il souloit:du temps passé*
*Il n'y auoit soldat cassé,*
*Tant pauure & maloiru fust-il*
*Qui n'y eguisast son outil,*
*Nous uenant uoir à son retour:*
*Mais auiourdhuy, le pauure amour*
*C'est retiré es garnisons*
*Des plus apparentes maisons.*
*Il n'y a bourgeoise en la uille*
*Qui n'ait l'inuention subtile,*
*Dessous l'ombre d'un cousinage,*
*De faire aussi bien son mesnage*
*Qu'auecques une maquerelle:*
*Et encore qui plus est,telle*
*Donne argent à son seruiteur,*
*Et luy fait boire du meilleur,*
*Ou luy donne un habillement,*
*Pour seruir à l'appoinctement:*
*Ou sous l'ombre d'un mariage*
*Ell'essaye si le bagage*
*Pourra seruir à l'aduenir,*
*A fin de se mieux maintenir*
*En bonne reputation.*
*Au diable l'assignation*
*Qui nous en uient de tout cela:*
*Car elles font tout,& uoyla*

Comment noſtre meſtier ſ'abbaiſſe,
Ou iadis il y auoit preſſe.
Encore qui plus me tormente,
C'eſt que touſiours le nombre augmente:
Il n'y a ce iourdhuy quartier
Qui n'en ait cent de mon meſtier,
Et uoire des plus apparens,
Qui font marché de leurs parens,
Et ce touſiours en eſperance
D'une abbaye en recompenſe,
Ou bien une auſſi bonne office,
Qui peult uacquer en la iuſtice.

## SCENE II.

### LE GENTILHOMME, CLAVDE.

IE ne ſçay plus que c'eſt à dire,
Mais qui deſormais uouldra rire,
Et demener uie ioyeuſe
puecq une religieuſe
Du bas meſtier, il fault deuant
En aduertir tout le conuent,
Qui ne les ueult prendre à la chaude.
Quand l'une le ueult, dame Claude
N'en eſt pas d'auis pour cet'heure.
Et uoyla comment on demeure
Le plus ſouuent ſans uenaiſon,
Or, qu'il en ait en la maiſon.
« C'eſt en quoy une femme peult,
« Ne uouloir pas quand on le ueult,
« Et à l'heure qu'on ne ueut point

« Vouloir obstinément ce poinct:
Quant à moy ie ne me plais pas
De perdre ainsi pour rien mes pas:
Car ce seroit uandre le sault
Cinquante fois plus qu'il ne uault.
Et encor ceste macquerelle
Se monstre beaucoup plus fidele,
Et beaucoup plus preste à loger
Quelque uiedaze d'estranger,
Qu'un qui sera de ses amis.
Vn chalant est tousiours remis
Au l'endemain, & l'incognu
Qui sera le dernier uenu,
Trouuera la garce de prise,
Peur de perdre sa chalandise:
Et ainsi m'en a elle faict:
Et pour dire uray, qui ne sçait
Les gentils tours de ce mestier,
Se sent plus souuent chastier,
S'il y commet faute apparente.
D'auantage qui ne contente
Tous les marchans de l'ordinaire,
Trouuera tousiours de l'affaire
Pour estre mis en autre iour.
Il fault sçauoir donner le tour
A chacun: Et dieu sçait comment
Ell' font espargne de serment,
Pour mieux paslier leur deffaicte.
    Mais uoyci uenir ma tendrette,
Ie croy qu'ell' est bien asseuree
A la uoir tant deliberee:

                                                    il

*Il la fault auoir à la chaulde.*
#### Claude.
*Dieu uous gard, Monsieur.*
#### Le Gentilhomme.
*Dieu gard, Claude,*
*Comment ua-il de ta santé?*
*L'estat n'est-il pas remonté*
*Depuis un peu?*
#### Claude.
*Ce n'est plus rien*
*Par ma foy, Monsieur, tout le bien*
*Que i'ay amassé à grand peine,*
*Est mangé en une sepmaine.*
*Mais au millieu de ma misere*
*Si feray-ie tousiours grand chere,*
*Pasté de lard.*
#### Le Gentilhomme.
*Aussi fault-il,*
*Ton esprit est assez subtil*
*Pour en gaigner encor autant.*
#### Claude.
*« Ma foy, Monsieur, qui est contant*
*« Il est plus heureux que le Roy.*
*Qu'ay-ie souci? ie n'ay que moy.*
*Et par la mercy dieu i'en iure,*
*Pourueu que le cerueau me dure*
*Ie ne crains point mourir de faim,*
*« Chasque iour apporte son pain.*
#### Le Gentilhomme.
*C'est ainsi qu'il fault faire aussi,*
*Sans tant se meurtrir de soucy*

« Pour les biens de ce monde, & puis
« Pour cinquante liures d'ennuis,
« On ne s'en uit iamais plus riche.
                    Claude.
Iamais ie ne ueux eſtre chiche,
Tant que i'auray le liard en bourſe.
« Il eſt bien fol qui ſe courrouce
« Pour les biens de ce monde cy:
« Et qui ſe geenne de ſouci,
« Pour ce que nous auons à eſtre
« En ceſte uie, & pour cognoiſtre
« Les plus ſages, ce ſont tous ceux
« Qui uiuent les moins ſoucieux.
                    Le Gentilhomme.
Mais da, Claude, uenons au point,
De cela tu n'en parles point:
As tu quelque choſe de miſe?
L'aſſignation eſt remiſe
A ce iourdhuy: & bien, apres?
                    Claude.
Par ma foy, i'alloy tout expres
Pour uous trouuer, & n'euſt eſté
La faueur que uous ay porté,
I'euſſe deſia les dix eſcus,
Auec eſpoir d'en auoir plus
Pour le tendron.
                    Le Gentilhomme.
Mais qui eſt elle?
                    Claude.
Ha, monſieur, c'eſt bien la plus belle
Que uous puiſſez uoir des deux yeux.

Mais quoy? un maintien gratieux,
Auecques une honnesteté,
Qui siet tant bien à la beauté,
Que rien plus.

### Le Gentilhomme.

Quelque demourant
De chanoine, cela s'entend.

### Claude.

Et si ie uous puis asseurer,
Que pour la denare attirer,
Elle n'est point de ces coureuses,
Ny d'un tas de maliticuses,
Qui ne se soucient de rien,
Pourueu qu'ils arrachent le bien
De tous uenans.

### Le Gentilhomme.

Dont l'as tu eüe?
Comment l'as tu si bien cognue?
Dy d'ou la cognoissance uient.

### Claude.

Ie uous diray, il uous souuient
Comme il y a trois ans passez,
Que les François furent chassez
De sainct Quentin, & que la fuitte
De la Picardie destruicte
Estonna les Parisiens:
Si bien, que pour sauuer ses biens,
Et au danger present preuoir,
Chacun se mist en son debuoir.
Aduint qu'un Gascon qui estoit
Eschappé du camp, cognoissoit

M.ii.

Vn sire Iosse, gros marchant
De ceste uille, luy sachantg
Que la bource estoit bien   arnie
Faignit de faire compagnie
A sa femme, ioinct la beauté
Dont il pouuoit estre incité:
Mais pour dire uray, les escuz
L'en incitoyent encore plus.
Or de par Dieu, il l'emmena
Iusqu'a Lion, & luy donna,
Luy coupant la queüe tout court,
De son eau beniste de court:
Le compagnon retint la bource
La laissant là, & print sa course
En son pais: ainsi laissee,
Incontinent fust redressee,
Ainsi quell' est de beau maintien,
Par quelque ieune Italien,
Qui pour la uoir & fresche & belle,
A pris son plaisir auec elle
Trois ans entiers: depuis deux moys,
Ayant affaire à un François
De ceste uille, ell' est uenue
Auecque luy, qui la tenue
Au logis d'un sien familier
De sainct Germain des prez. hier
Ell' uint chez moy: car parauant
Elle y uenoit assez souuent.
Ou ell' me dict qu'il y a bien
Qninze iours que l'Italien
Ne la uit, & qu'elle s'estoit

Desrobee. Mais quoy que soit
Ell' est chez nous, hors les liens
De ces ialous Italiens.
### Le Gentilhomme.
Mais viença, dy Claude, à la voir
Quelle bague?
### Claude.
Il le fault sçauoir.
La veüe n'en coustera rien.
Et de ma part, ie pense bien
Qu'elle n'est point pour une foys.
### Le Gentilhomme.
Si trouuera-elle un François
Außi gaillard & bien empoinct
Qu'Italien qu'on trouue poinct.
### Claude.
Or allons donc, & ie m'asseure
Que uous trouuerez la monture
Außi gaillarde & bien empoinct
Que Françoise qu'on trouue poinct,
Et fußiez uous plus orguilleux.
### Le Gentilhomme.
Voyla, quand ie suis amoureux,
I'en passe incontinent l'enuie,
Sans martirer long temps ma uie
De paßions & de langueurs,
Et de mille amoureaux uainqueur.
## SCENE III.
### IVLIEN, L'ADVOCAT.
SCauez uous quoy, Monsieur, il fault,
Puis qu'il est question d'assault,

Se monſtrer homme uertueux,
« La fortune aide aux amoureux.
### L'aduocat.
Ie ſen mon courage & ma force,
Qui de plus en plus ſe renforce: .
Ie ſen l'amour audacieux
Affronter les plus furieux.
Ainſi Iupin epoinçonné,
A quelque fois abandonné
Et ſon tonnerre, & ſon orage,
Pour, à ſon deſireux courage,
Par un pareil eſbatement
Donner le doulx contentement:
Et ſous un habit eſtranger
Il ſe ſentit encourager,
Façonnant ſon grand filz Hercule.
Et iamais l'amour ne recule:
Car touſiours il ſçait inuenter
Mille moyens pour contenter
Son appetit: puis une dame
Cognoiſſant l'amoureuſe flamme,
Qui tormente & bruſle le cueur
De ſon fidele ſeruiteur,
Inuentera mille moyens,
Pour adoulcir les durs liens
De ſon martyre.
### Iulien.
Eſtes uous ſeur,
Vous qui en eſtes l'agreſſeur,
D'acquerir ce iourdhuy uictoire?
Au moins faictes le nous acroire,

Quand ores il n'en seroit rien.
### L'aduocat.
Non non, car ie m'asseure bien,
Que si ie puis entrer dedans,
Il y aura du passetemps,
Ou par amour, ou par contrainte.
### Iulien.
« Il n'est que la premiere pinte
« Qui couste plus que tout le reste.
Quant est de ma part, ie proteste,
Qu'en tel endroit i'auiserois
De faire au mieux que ie pourrois:
Aussi ie m'en rapporte à uous,
Ie croy bien que les premiers coups
Seront dangereux
### L'aduocat.
Iulien,
N'as tu point ueu l'italien
Passer par là?
### Iulien.
Qui, ce forfante?
Par dieu il y pert son attente,
Ie l'en incaque, ce colon,
C'est le plaisir de Marion,
Elle y prend tout son passetemps.
### L'aduocat.
Si sera-il des malcontens,
Si une fois ie l'y attrape.
### Iulien.
Pour le moins auray-ie sa cappe
Et sa tocque, c'est pour le moins,

Dont il sera en coups de poins
Recompense.

L'aduocat.

Mais Iulien,
Laissons la cet Italien.

# SCENE  IIII.

MARION, L'ADVOCAT, IVLIEN.

I'Ay si bien soulé mon galant
Qu'il dort un somne maintenant
Qui nous donra loisir de faire
Tant plus aisément nostre affaire,

L'aduocat.

Et bien Marion, nostre cas?

Marion.

Et de par dieu, hastez le pas,
Vous deussiez estre reuenu.

L'aduocat.

Mais comment? si i'estois cognu
Ie serois comme un rauisseur
Mis la dedans.

Marion.

Il y faict seur,
Ie uous asseure de ma part:
Qui plus est le Sire Gerard
Est allé pour cet' heure en uille,
Et si uous seriez entre mille,
Qui ne uous cognoistroient iamais.

L'aduocat.

Tu dis bien uray, Marion, mais
Magdelon est elle contente?

### Marion.

Comment cela? c'est son attente
Sus sus, suiuez moy.

### Iulien.

Ce pendant
Que ie seray cy attendant,
Monsieur, ie uous la recommande,
Et dites luy qu'elle me mande
Comment ell' s'y sera portee.

### L'aduocat.

Et tousiours la teste euantee,
Iamais tu ne seras plus sage.

### Iulien.

Sus sus, Monsieur, prenez courage.

### L'aduocat.

Or ça Marion, penses-tu
Combien un homme estant uestu
De cest habit est plus idoine
A faire un coup. L'habit d'un moine
Y a aussi grande efficace:
Soit en habillant une garce
Pour ainsi plus secrettement
La faire entrer dans le couuant.

### Marion.

Hola, motus, uous aprochez
De la maison, Monsieur, cachez
Auec le pan de ceste cappe
Vostre uisage.

### Iulien.

Ell' luy eschappe
La patience.

### Marion.

Quand *&* quand
Entrez außi asseurement
Que chez uous, *&* ne faillez pas
De tousiours suiure pas à pas.

### Iulien.

Encor' n'est-il qu'inuention
Pour auoir aßignation,
Et mettre fin à ses amours.
« Vne femme scait plus de tours
« De finesse *&* de tromperies,
« Des amoureux *&* des amies
« Que mille hommes, il n'y a rien
« En cela qu'ell' n'entende bien.
« Et au contraire, pour uray dire,
« Il n'y a beste au monde pire
« Pour empescher un bon affaire
« Qu'elle, si ell' ueut deffaire.
« Si en bonne fin ell' ne rend
« Tout ce que mal ell' entreprend,
« Ce luy est une maladie
« Et une miserable uie.
Mais qui ueut à cela preuoir,
Il fault tascher de les auoir
Par bon moyen, *&* les flater,
Par promesses les contanter,
Si uous n'auez presentement
Pour fournir à l'appointement.
Elles font plus de la moitié
S'elles uous ont en amitié.
Et il n'y a point de danger,

Pour bien mieux les encourager,
De les fourbir premierement.
On dict tousiours communeement
Qu'à la coustume de Paris
Il uous fault gaigner les maris
Deuant la femme: aussi fault-il,
Et eust on l'esprit plus subtil,
En faire autant aux maquerelles
Qui en ueult auoir des plus belles.
Car s'en est auiourdhuy l'usage.

## SCENE        V.

### GERARD,    IVLIEN,    MARION.

IE pry' Dieu que ce mariage
Se porte bien, & que i'en uoye
Sortir une aussi grande ioye
Qu'il fust auec contentement
Encommancé premierement.
Car ce me seroit grand douleur,
De uoir Madelène en la fleur
Et beau printemps de son ieune aage
Endurer en ce mariage
Chose qu'a poinct.

### Iulien.

Tout est perdu,
Par le corps, mon maistre est uendu.
Voicy Gerard.

### Marion.

Sus de par dieu,
Ne puissent-ilz partir du lieu,
Sans appaiser suffisamment

La grande ardeur de leur torment.
Il est dedans, ie l'ay laissé,
Se me semble, assez auancé
Pour gaillard se mettre en pourpoint:
Et ie croy qu'il n'y aura poinct
De leur different, qui ne soit
Vuidé presentement.

#### Iulien.

Et bien?
Quelle mine? quel entretien?

#### Marion.

Le meilleur du monde.

#### Iulien.

Mais quoy?
Voyci Gerard.

#### Marion.

Merci de moy!
Point point, ie trouueray moyen
De sauuer tout:toy Iulien
Va-ten en mon logis attendre
Ton maistre:car il s'yra rendre
La dedans.

#### Iulien.

Ce sera bien faict:
Mais s'il les prend dessus le faict
Tout nostre ieu sera gasté.

#### Marion.

Il n'en fault estre tormenté,
I'y pouruoiray si bien.

#### Gerard.

Voyci

Marion en bien grand souci,
Ce semble.

### Marion.

Mais, sire, comment
Estes uous icy cependant
Que deuez préuoir aux affaires,
Et autres choses necessaires
Pour le bancquet? uous sçauez bien
Que les seruiteurs ne font rien
Sans leur maistre, qui en fait plus
Auecque une couple d'escus,
Qu'ils ne font de demy douzaine.

### Gerard.

I'y ay pouruen: mais Madalène
A elle laissé son gros cueur?

### Marion.

Ma foy, ce n'estoit que la peur
Qu'elle auoit de uous delaisser.

### Gerard.

C'est seulement pour l'auancer
Ce que i'en fay, ie ueux aussi
Qu'ell' m'obeisse tout ainsi
Que l'enfant est tenu au pere,
Tout ce qu'il me plaist luy doit plaire,
Et ne uouloir ce que ne ueux.

### Marion.

Il ne fault estre rigoureux
« Iusque la, car une doulceur
« Peult beaucoup esmouuoir le cueur
« D'une fille, & bien d'auantage
« Que penser geener son courage.

### Gerard.

Ie le ſçay bien, & n'euſt eſté
Que i'ay uoulu ſa liberté,
Il y a long temps que ceci
« Fuſt depeſché:mais tout ainſi
« Que des choſes faictes ſoudain,
« On ſ'en repent le lendemain.
Auſſi i'ay bien uoulu attendre
L'occaſion de l'entreprendre,
A fin de ne m'en repentir:
Et ſi ueux bien l'en aduertir.
Allons enſemble en aduiſer.

### Marion.

Laiſſons les un peu deuiſer:
Le ſire Ioſſe y eſt entré.

### Gerard.

Comment ne l'ay-ie rencontré
Allant uers là?

### Marion.

Et ſi ie penſe
Que Madelon meſme le tence
De ce qu'il eſt ſi negligent.

### Gerard.

Quoy? qu'il ne uient aſſez ſouuent
La uoir?

### Marion.

C'eſt cela meſme, uoire,
Et ſi uous le pouuez bien croire:
Car moy meſme ie les ay ueus
S'entrebraſſer, uoulez uous plus?
Elle premiere l'agaſſoit.

#### Gerard.

Or ie prie à dieu que ce ſoit
Pour le ſalut de tous les deux.
Or ſus, allons parler à eux.

#### Marion.

Allez uous en en la ſalette,
Ie montray iuſqu'en la chambrette
Les appeller.

#### Gerard.

Vous dictes bien.

#### Marion.

Merci de moy, hé quel moyen,
Qu'eſt-il de faire? ſi fault-il
Monſtrer un eſprit plus ſubtil.

## ACTE QVATRIEME.

### SCENE I.

### L'ADVOCAT SEVL.

Iue l'amour & l'amoureux,
Qui pour un amour deſireux,
Et pour tout le paſſé torment
A receu le contentement.
Viue l'amoureux qui deſire
Mourir en un ſi doux martyre.
  Rien ne me ſont ny les langueurs,
Les paſſions, ny les malheurs,
Ny tout' la langoureuſe ſuyte
Qu'ay enduré en ma pourſuyte,
Au pris de ceſte iouiſſance.
I'aperçoy ma perſeuerance,

Ores estre recompensee
Tout au rebours de ma pensee.
Tousiours une tremblante crainte
Auoit accompagné ma plainte:
Mais depuis que ce braue espoir
Vint espoinçonner mon uouloir,
Et que l'amour audacieux
M'eut presenté deuant les yeux
La recompense de mes maux,
Il n'y auoit si durs assaux
Dont le desir de telle gloire
Ne me feit seur de la uictoire.
Et maintenant i'ay apperceu
Que mon espoir ne m'a deceu:
Car une dame pitoyable,
Voyant un pauure miserable,
N'a point le cueur si rigoreux
Qu'ell' n'ait pitié d'un amoureux.
Et uoyla pourquoy tant que l'ame
Me batte au corps, pour une dame
Qui sera d'un fidele cueur,
Ie hazarderay mon honneur,
Mon corps, mes biens, uoire ma uie
Au fer d'une espee ennemie,
Tant qu'en mon cueur i'auray la force.

## SCENE II.

### GERARD, L'ADVOCAT.

Tout beau compere, sire Iosse,
 Aprochez de moy hardiment,
Que craignez uous donc?

           L'aduocat.

### L'aduocat.

Mais comment?
Est-il poßible que ie taise
Si longuement un si grand aise?
Ou trouueray-ie le cousin?

### Gerard.

Hau compere, dictes uoisin,
N'est-ce pas assez babillé?

### L'aduocat.

Encores estant habillé
Comme ie suis, ie n'ose pas
A grand peine faire deux pas,
Que ie ne craigne la presence
De quelcun de ma cognoissance:
Il uault donc mieux que ie m'en uoise,
A fin d'euiter plus grand noise,
Chez Marion.

### Gerard.

Hé, reuenez.

### L'aduocat.

Ha, par dieu uous ne m'y tenez:
Vous estes donc si pres de moy.
A dieu, à dieu Gerard.

### Gerard.

Ie croy
Que le compere sire Iosse
De iour en autre se renforce,
Depuis l'heure tant seulement
Que fismes cet apoinctement.
Deuant il estoit tout pensif,
Tout endormy & tout retif

A la besongne, & auiourdhuy
Il n'y en a plus que pour luy:
Dont par, ma foy, ie me contente.
　　Ie regardou par une fente
Qui est à l'huys de ma chambrette,
Ou ie l'ay ueu sur la couchette
Auec ma fille Madalène:
Mais ie sçay bien qu'il prenoit peine,
D'une aussi gentille façon,
Que pourroit un ieune garçon
Qui seroit en pareil affaire.
Vrayment il en pourra bien faire
D'auantage cy en apres,
Veu qu'encore qu'il soit tout pres
Des nopces, il ne peult attendre
Sans sur la fournee entreprendre.

## SCENE III.
### ANTHOINE, IOSSE.

IE crains que ie ne soy frotté,
　D'auoir si long temps arresté:
Car mon maistre a le diable en teste
Quand il luy souuient de la feste,
Et croit qu'il n'y sera iamais
Assez à temps: & desormais
Qui le uoudra seruir à gré,
Il nous faudra bon gré maugré
Obeyr aux intentions
De ses sottes complexions:
Encor qu'il soit bien ennuieux
De seruir un uieillard fascheux.

### Iosse.

Tant plus on haste son affaire,
Et moins en fait on: ma priere
N'a de rien serui à l'endroit
De ce coquin, qu'il me faudroit
Assommer de coups, si la rage
Suyuoit l'impatient courage.

### Anthoine.

Point point, il n'est plus question
Que d'assommer, l'inuention
Luy en eschappa des le iour
Qu'il encommença son amour:
Il tuera tout pour se uanger.

### Iosse.

Ne uoyci pas pour enrager?
Il semblera à Madalêne
Que ne uoudray prendre la peine
De l'aller uoir: uoyla dont uient
Le mauuais acueil qu'ell' me tient,
Et si la faute ne uient pas
De plaindre pour elle mes pas.
I'irois comme ie suis: mais quoy?
Madelon se mocque de moy
Me uoyant ainsi mal empoinct,
Portant par dessous mon pourpoint
Tant de foureures & drappeaux.

### Anthoine.

Ceux cy ne sont guere plus beaux
Quand tout est dict: il uoudroit bien
Auoir de beaux habits pour rien.

N.ij.

#### Ioſſe.

Ha uoicy mon homme qui uient.
Vien, uien coquin, hé qui me tient
Que ie ne te donne à cognoiſtre
Qu'il fault obeir à un maiſtre?

#### Anthoine.

Comment cela? eſtimez uous
Qu'un ſeruiteur puiſſe à tous coups
Faire ſi bien comme il uoudroit?
A ce compte là il fauldroit
Que l'on n'euſt autre choſe à faire.

#### Ioſſe.

Encore ne ſe ueult-il taire.
Ha i'ay le tort, ie le uoy bien:
Mais tu ſcauras en bref combien
Il m'en deſplaiſt.

#### Anthoine.

Scauez uous pas
Que ie ne ſcauroy faire un pas
Sans rencontrer ou Madalêne,
Ou Marion, qui prennent peine
De m'arreſter, tant ſeulement
Pour entendre de moy comment
Vous uous portez: & puis uoyla
Pourquoy uous criez.

#### Ioſſe.

Pour cela.
Iamais ie n'en uoudroy rien dire.

#### Anthoine.

Voſtre complexion empire
De iour en iour, & deſormais

Faictes ce qu'il uous semble, mais
Si uous ne uous monstrez plus doux,
A grand peine trouuerez uous
Seruiteur qui ueuille endurer
De uous.

Iosse.

Tu ne uis oncq durer
Ceste colere: mais dis moy,
Anthoine, mon fils, par ta foy.
Les as tu ueus?

Anthoine.

Il est ainsi.

Iosse.

Ne sont elles point en soucy
De ce que ie n'y suis allé?

Anthoine.

Et si urayment ell' m'a parlé
Des nopces, & quand ce seroit:
Et ie pense bien qu'ell' uoudroit
Que ce fust desia faict.

Iosse.

Ha Dieu!
Puis-ie demourer en ce lieu?
Sus sus Anthoine, uitement
Donne moy cet habillement.
Ie crains bien de uenir trop tard
Au gré de mon pere Gerard.

Anthoine.

Par dieu i'estoy en grand danger
De me sentir tresbien charger
Auant sortir de ses liens,

Si ie n'euſſe ſceu les moyens
Comme il m'en failloit eſchapper.
C'eſt ainſi qu'il le fault tromper,
Et luy monſtrer qu'une ueſſie
Eſt une lanterne.

####### Ioſſe.

Vne amie
A grand pouuoir ſur ſon amant,
Ie l'appercoy, & ſi urayment
Ie me ſens eſtre plus heureux
D'eſtre aymé & d'eſtre amoureux.

## SCENE III.

### GERARD, MARION, IOSSE.

Marion uoicy le galant,
Voy-tu ſon œil eſtincellant?
Le uoy tu gaillard & diſpoſt?
Comme il ſent deſia tout ſon roſt
De la feſte. il ſemble à le uoir
Que iamais il n'euſt le uouloir
De le faire à la deſrobee.
S'il trouuoit la garce tombee,
Penſes-tu comme de bon cueur
Il ſ'offriroit le ſeruiteur?

####### Marion.

Sainct Iehan, cõme uous pourriez faire.

####### Gerard.

Ha Marion, il men fault taire,
I'en ſuis banni.

####### Ioſſe.

Dieu gard, Dieu gard.

#### Gerard.

Et comment ua.

#### Iosse.

Tousiours gaillard.

#### Gerard.

Cest ce qu'il me semble urayment:
Et bien quoy? le commancement
Vous à il mis en appetit?

#### Iosse.

Par ma foy, petit à petit
Ie prens peine de me rauoir.

#### Gerard.

Vrayment uous le faites sçauoir,
Veu qu'auez si bien rencontré,
Et si ie uous en scay bon gré.
Par dieu i'en eusse faict autant.

#### Marion.

I'en preuois quelqu'un mal contant:
Nostre ieu sera descouuert.

#### Gerard.

Vous ne dictes mot, que uous sert
De tant celer?

#### Iosse.

Que uoulez uous?

#### Gerard.

Dictes, il n'y a qu'entre nous:

#### Marion.

Ma foy uous estes importun.
Pensez uous qu'il craigne quelqu'un?
Laissons cela, & allons uoir

*Madalêne.*

#### Iosse.

*Ie ueux sçauoir*
*Dont uient ceste belle risee.*

#### Marion.

*Ie ne puis estre tant rusee*
*Que les faire changer propos.*

#### Iosse.

*Ie ne seray point en repos,*
*Si ne me dictes la raison*
*Du tout.*

#### Marion.

*Entrons en la maison,*
*Vous le faudra-il meshuy dire.*

#### Gerard.

*Mais comment il se tient de rire.*

#### Iosse.

*Par dieu ie n'en ris pas: & bien?*

#### Gerard.

*Et uertu bieu ie n'en dis rien:*
*Pour un coup que uous l'auez faict,*
*Faictes-le deux s'il n'est parfaict.*

#### Iosse.

*Qui dit cela?*

#### Gerard.

*Moy qui l'ay ueu.*

#### Iosse.

*Par ma foy uous estes deçeu*
*Et uous puis asseurer, mon pere,*
*Que iamais ie ne uoudroy faire*
*Ce tort à Madalêne: & plus*

Ie donneray cinquante escus,
S'il se trouue quelqu'un qui die
Qu'il m'ait ueu faire une folie
De mon corps, croyez le serment.
### Marion.
Ha Marion! c'est maintenant
Que le tout sera descouuert.
### Gerard.
Mais sire Iosse, que uous sert
De me le celer? pensez uous
Que cela sorte d'entre nous?
### Iosse.
Quoy que ce soit, il n'en est rien
De tout cela.
### Gerard.
Ie l'enten bien:
Mais respondez moy seulement
Ce que uous faisiez maintenant
Auec Madalêne.
### Iosse.
Qui moy?
### Gerard.
C'estoit uous mesme que ie uoy,
Qui la tenoit en la chambrette
Seul à seul dessus la couchette.
### Iosse.
Ma foy uous resuez des genoux:
D'auiourdhuy ie n'entray chez uous.
### Gerard.
Pardieu, si ne resué-ie pas:
Car ie uous suiuois pas à pas

En ratachant uoſtre eſguillette.
#### Ioſſe.
M'auez uous ueu ſus la couchette
Auec elle?
#### Gerard.
Bon gré ma uie:
Penſez uous donc que ie le nie?
Vertu, n'eſtiez uous pas deſſus?
#### Ioſſe.
Par ma foy uous eſtes deceus,
C'eſtoit un aultre: & quand à moy
Ie n'en prendray plus grand eſmoy,
Puis qu'un aultre à faict ſon meſnage,
Qu'il en face le mariage:
Et en ſoyez bien aſſeuré,
Que ie n'ay pas deliberé
D'auoir ſon demeurant.
#### Gerard.
Comment?
#### Ioſſe.
Puis qu'un autre à contentement
De ſon amour encommencé,
Et qu'il à ſi bien auancé
Sur la beſogne, qu'il parface.
Et quand a moy, ie uous rends grace
De uoſtre fille, & du uouloir
Que m'auez faict aperceuoir,
En me rendant tous les ioyaux,
Comme chaiſne d'or & anneaux
Que ie luy ay donné.
#### Gerard.
Ie penſe

Que vous en auez faict l'auance
Vous mesme sans autre, & qu'aussi
Vous tout seul aurez le soucy
De le parfaire.
### Iosse.
Par ma foy,
I'en iure qu'un autre que moy
Fera son profit de la beste:
Et puis-que ie l'ay en la teste
I'auray ce que ie luy donné,
Quand l'accord en fust ordonné.
### Gerard.
Pensez vous eschapper ainsi?
N'en auez vous autre soucy
Apres que vous en auez faict?
### Iosse.
Vous l'auez prise en ce messaict.
### Gerard.
Ouy, mais c'estoit auecque vous.
### Iosse.
Apaisez un peu ce couroux,
Reprenant uostre entendement,
Vous trouuerez certainement
Qu'il n'en est rien.
### Gerard.
Hé qui me garde!
### Iosse.
Quoy? que ie prenne une paillarde?
### Gerard.
Tu as menti.

### Ioſſe.

*Auſſi as tu.*
*Tu me demens:par la uertu,*
*Marault que tu es,uoy tu bien?*
*Ie te feray manger ton bien:*
*Vieil affronteur,langue traitreſſe.*

### Gerard.

*Encore as tu la hardieſſe*
*De leuer deuant moy la teſte,*
*Comme ſi i'eſtois une beſte?*
*Es tu deuenu ſi mutin,*
*Seulement depuis le matin*
*Que tu as ceſt habillement?*
*Ha,qué ne ſuis-ie main-enant*
*Ieune & diſpos comme autrefois*
*Ie me ſuis ueu:par dieu,le bois*
*Seroit bien cher,ſi ce pendart*
*N'en portoit maintenant ſa part.*

### Ioſſe.

*Pendart toymeſme,& uſurier,*
*Qui me ueux faire marier*
*Maugré que i'en aye,& encor*
*Veult retenir mes ioyaux d'or,*
*Et ne cognoiſt ſon impudence.*

### Gerard.

*Tu me fais perdre patience.*
*Si ie uay apres toy.*

### Ioſſe.

*vien,uien,*
*Ie t'atten,autant comme rien*
*De toy,larron,meſchant,faulſaire.*

### Gerard.

I'auertiray le commiſſaire
Du tort que tu me fais, infame:
Et ſi on ſçaura que ta femme
Eſt deuenue. c'eſt raiſon,
Apres que dedans ma maiſon
Tu as faiĉt à ton beau plaiſir.
Ie n'en peux plus: ſi i'ay loiſir,
Ie te donray bien à cognoiſtre
Que tu as affaire à ton maiſtre.

### Ioſſe.

Point point, deuant qu'il ſoit une heure
Tu le ſçauras,

### Gerard.

Non, que ie meure,
Si la iuſtice ne le ſçait,
Et ſi tu n'es pour ton malfaiĉt
Puny ainſi qu'il appartient.
Hé mercy de moy! qui me tient?
Ha! il n'a garde de m'attendre.

### Marion.

C'eſt maintenant qu'il nous fault prendre
Occaſion d'empeſcher tout.
Si en fault-il trouuer le bout,
Puiſque i'ay ſi bien commencé
A broüiller l'accord auancé.

## SCENE V.

### MADALENE, MARION.

HElas! Marion, quelle peur
Vient maintenant ſaiſir mon cœur?

Ie n'en puis plus, le cueur me fault,
Mon pere est entré en sursault,
Tant coleré, & si ie croy
Qu'il a quelque chose sur moy:
Car au lieu de me faire acueil,
Me regardant d'un mauuais œil,
Et quasi d'une desplaisance
Il m'a deffendu sa presence.

Marion.

Tout autant de cela que rien.

Madalene.

Dictes, Marion, sçait-il bien?

Marion.

Ouy, que tous les diables soit Iosse,
Ie n'ay peu de toute ma force,
Ny par parolles, faire tant
Qu'il ne le sceut, & presque autant
Que moy-mesme.

Madalene.

Vierge Marie
Que feray-ie!

Marion.

Miché m'amie,
Nous n'en serons iamais repris:
Le conseil en est desia pris,
Il n'en fault point crier le uentre.

Madalene.

Encore, Marion, s'il entre
Dedans la chambrette, hé bon dieu!
Puis-ie demeurer en ce lieu?
« On dit bien uray, pour un plaisir

« Mille douleurs tout à loisir
« Viennent accompagner noz iours:
La plus malheureuse en amours
Qui fust iamais, las c'est moymesme.

### Marion.

Ne pleurez point, au mal extreme
I'inuenteray les bons moyens
Pour eschapper de ces liens.
I'en ay bien ueu d'autre, & si suis
Encor ici: & si ie puis,
I'echapperay à mon honneur
Comme des autres.

### Madalene.

Si Monsieur
Le sçauoit, ie m'asseure bien
Qu'il n'espargneroit point son bien,
Son corps, sa uie, & son honneur
Pour moy: car il est de tel cueur,
Que plustost il uouldroit mourir,
Que ne pouuoir me secourir.

### Marion.

Laissez faire à George, il est homme
D'aage: i'en feray ainsi comme
Si c'estoit pour moy.

### Madalene.

Mais aussi
Depeschez uous.

### Marion.

N'ayez souci
Que de faire grand chere, & puis
Asseurez uous, puisque ie suis

Sur les champs faisant l'auangarde.

### Madalene.

Si estes uous ma seule garde:
Et i'espere qu'en tel besoing
Comme il est, uous aurez le soing
De mon honneur & de ma uie.

### Marion.

N'est-ce pas assez? i'ay enuie
De faire auiourdhuy quelque chose
A mon honneur.

### Madalene.

Ie m'en repose
Du tout sur uous.

### Marion.

Prenez courage,
(Ell' ne croit dieu que sus bon gage)
Puisque à tout ie suis regardant.

### Madalene.

»Hé dieu! qu'amour est abondant
« En amertume & en doulceur,
« Dont il empoisonne le cueur:
« Au goust, il presente le doux,
« Et de l'amer à tous les coups
« Il donne uiande amplement
« Aux faux desirs d'un pauure amant.

## SCENE VI.

### L'ADVOCAT, IVLIEN, LE GENTILHOMME.

ENcore fault-il, Iulien,
Maintenant trouuer le moyen

De parler

De parler au couſin.
#### Iulien.

Hola,
Ie l'ay trouué: car le uoyla
Qui uient uers nous.
#### Le Gentilhomme.

Et bien, quel bruit?
#### L'aduocat.

Touſiours un bon heur qui me ſuit,
Touſiours une bonne eſperance
Pour la premiere iouiſſance:
Et uous couſin?
#### Le Gentilhomme.

La garſe en poinét,
Vn traquenart qu'il ne fault point
Picquer trois fois pour faire aller:
Elle fait mille ſaults en l'air.
#### L'aduocat.

Couſin, ſa grace, ſon maintien,
Et ſon grand cueur meritent bien
De faire plus pour l'amour d'elle.
#### Le Gentilhomme.

Couſin c'eſt par dieu la plus belle,
Et qui entend mieux le meſtier,
Que femme qui ſoit au quartier.
#### L'aduocat.

Encore n'ay-ie eu le loiſir
De la baiſer à mon plaiſir:
Mais ſi i'y puis iamais uenir.
#### Le Gentilhomme.

Elle uous ſçait entretenir,

*Il ne fault point dire comment.*

### Iulien.

*C'eſt la couſtume d'un amant,*
*Iamais ne parler que de ſoy.*
*Si l'un d'eux eſt en grand eſmoy,*
*L'autre n'endure moins de peine:*
*L'un parle de ſa Madaleine,*
*L'autre de ſa nouuelle amie,*
*Et dieu ſçait qui a plus d'enuie*
*De raconter ſon aduenture.*

### L'aduocat.

*Non non, couſin, ie uous aſſeure*
*Que ie ſuis bien le plus heureux*
*De tous les ieunes amoureux.*

### Le Gentilhomme.

*I'y doy retourner auiourdhuy.*

### Iulien.

*Lequel eſt en plus grand ennuy?*
*Voyez moy, l'un ne ſe ueult taire*
*Quand l'autre parle.*

### Le Gentilhomme.

*Et uoſtre affaire?*
*Comtez en un peu, ie uous prie.*

### L'aduocat.

*Par dieu couſin, la ſeule enuie*
*Et l'attente trop ennuyeuſe*
*M'a eſté beaucoup plus faſcheuſe,*
*N'ayant moyen de le uous dire,*
*Que ne fiſt onc tout mon martyre.*

### Le Gentilhomme.

*Auez uous eu contentement?*

#### L'aduocat.

L'entendez uous donc autrement?

#### Le Gentilhomme.

Encor ne le puis-ie croire.

#### L'aduocat.

Il est ainsi.

#### Le gentilhomme.

Et la uictoire?

#### L'aduocat.

Voulez uous plus?

#### Le Gentilhomme.

Ha ie le croy:
Mais ie uous prie comtez moy
Comment tout s'est si bien porté.

#### L'aduocat.

Ie sen mon esprit transporté
Seulement à la souuenance
D'une si douce iouissance.
Or ie diray: estant entré
Dans le logis, i'ay rencontré
Ma Madelon de prime face:
Ie uous laisse à penser la grace,
Le doux accueil & l'entretien,
Le souzris, & le beau maintien
Qu'ell' m'a monstré: au demeurant,
Ainsi que i'estois esperant
Vne iouissance parfaicte,
Ie suis entré en sa chambrette,
Là ou Marion nous suyuoit:
Tout incontinent qu'elle uoit
Que i'estoy dedans, tira l'huis.

Me uoyant là, comme ie ſuis
Aſſez chaud en telle conqueſte,
Ie commence à leuer la teſte:
Et uoyant la fortune.à poinct,
Gaillard ie me mets en pourpoinct,
Quand-&-quand Madelon commance
A me faire une remonſtrance,
Priant de ne rien attenter:
Lors ie me ſen plus tormenter,
Voyant la larme de ſes yeux:
D'autant qu'eſtois audacieux,
D'autant ſenty moindrir ma force:
Ce nonobſtant,ie me renforce
Voyant l'occaſion preſᵉnte:
Et ores qu'ell'ne fuſt contente,
Touteſſois ie me delibere
De laiſſer les pleurs en arriere,
Faiſant de l'aueugle & du ſourd.
Or bien,pour uous le faire court
Ie uous l'embraſſe,& uous la iette
Deſſus un bout de la couchette,
Elle ſe deffend,ie pourſuys,
(Ayant deuant uerrouillé l'huys,
Cela ſ'entend)ell'ſe debat:
Mais au milieu d'un tel combat,
Ou la honte la deffendoit,
Amour pourtant la ſurmontoit,
Amour pourtant en fut uainqueur,
Couurant ſes yeux d'une rougeur
Auecques une honneſte honte,
Amour,dit'elle,me ſurmonte,

A dieu l'heur de mes ieunes ans.
Pensez, cousin, quel passetemps.
### Le Gentilhomme.

Oy pour uous, frere.
### Iulien.

Helas, helas,
Iulien, que tu serois las
Et desgousté, & mal contant,
Si tu n'en faisois bien autant.
Non non, ie uay gaiger ma uie,
Que le mignon l'a affranchie
Du loup-garou tout à la chaude.
### Le Gentilhomme.

Cousin, allons nous en chez Claude,
Ie uous ueux monstrer le tendron.
### L'aduocat.

Iulien, atten Marion,
Pour sçauoir ce qui est de faire.
### Iulien.

Vrayment en faisant uostre affaire,
Pourtant ne m'oubliray-ie pas,
Si ie puis rencontrer le bas
De quelque garse à mon appoinct.
Vous uous estes mis en pourpoinct:
Mais ie me mettray en chemise,
Si i'ay ceste dame promise.
L'escoutant, il m'a mis en rut,
Et n'y a moine qui n'y fust,
Voire en eust-il la conscience
Aussi grande que sa science.

# ACTE CINQVIEME.

## SCENE I.

## PANTHALEONE, IVLIEN.

*Era donc ma playe immortelle,*
*Pour autant que ceste cruelle*
*Ne ueult donner allegement*
*A ce qui cause mon torment?*
*Si de ma douleur & ma plainte*
*Ell'n'est aucunement attainte,*
*Qu'elle oye à tout le moins le son*
*De ma plus piteuse chanson.*
*Ingiustissimo Amor,perche si raro*
*Corrispondenti fai nostri desiri;*
*Onde perfido auien,che t'è si caro*
*Il discorde uoler,che in due cor miri;*
*Ir non mi lasci al facil guado chiaro,*
*E nel più cieco e maggior foudo tiri;*
*Da chi disia il mio amor,tu mi richiami;*
*E chi m'ha in odio,vuoi ch'adori & ami.*

### Iulien.

*N'ay-ie pas entendu passer*
*Mon Coion,qui pour croaçer*
*Sa belle rime poltronisque*
*Fait icy du braue rufisque?*
*C'est luymesme,mais s'il n'accorde*
*Vn peu mieux sa iazarde chorde,*
*Iamais il ne uiendra au but,*
*Par le moyen de ce uieil lut.*

### Panthaleoné.

*Sus sus mignon, qu'on amolisse,*
*Auec ton honeste seruice,*

*Et une plus qu'humble priere,*
*La cruauté de ceste fiere.*
*Fai,ch'à Rinaldo Angelica par bella,*
*Quando esso à lei brutto e spiaceuol pare;*
*Quando le par ea bello è l'amaua ella,*
*Egli odiò lei,quanto si può più odiare.*
*Ora s'afflige indarno,e si flagella;*
*Cosi renduto ben gliè pare à pare.*
*Ella l'ha in odio;e l'odio è di tal sorte,*
*Che piu tosto che lui uorria la morte.*

### Iulien.

*Iamais,iamais la fainôte uoix*
*N'eust pouuoir enuers un François.*
*Il ne ueult point tant de gambades,*
*Tant de chansons,ny tant d'aubades*
*En payment:tout cela ne peult*
*Le diuertir de ce qu'il ueult.*

### Panthaleoné.

*Ha cruelle!ueux-tu tousiours*
*Desdaigner les fermes amours*
*De ton seruiteur plus fidelle?*

### Iulien.

*Tu as beau la nommer cruelle,*
*Et bel estre son seruiteur,*
*Si n'en seras tu pas uainqueur,*
*Messer Frecasso.*

### Panthaleoné.

*Ha beste.*

### Iulien.

*Auez uous le martel en teste?*
*Signor mio,sus, une aubade.*

### Panthaleoné.

Mais plustost une bastonnade
A ce faquin qui fait du braue.

### Iulien.

Vous n'auez gueres que la baue,
Ie le sçay bien, ie uous cognoy,
Vous regardant quand ie uous uoy.

### Panthaleoné.

Ha Dieu ce poltron paysant
Veult-il faire icy du plaisant?
Est-ce raison que ie m'en taise?

### Iulien.

Prime de la caze Frenese,
Grand escuyer de sa maison
Quand il est seul.

### Panthaleoné.

Est-ce raison
Que i'endure telle brauade,
Moy qui pour une canonnade
Iamais ne me suis estonné?

### Iulien.

Ha quel meurtrier!

### Panthaleoné.

I'ay donné
Mille coups d'estoc & de taille
Au plus espais d'une bataille,
Et ce sot poltron parangonne
Sa couardise à ma personne.

### Iulien.

Sçauez uous bien que cest, mastin,
Fantosme du mont Auentin,

Sepulchre à punaiſe',pendart,
Demourant de tout le cagnart,
Si uous ne me parlez plus doux
Ie uous aſſommeray de coups.
Regardez,ie ſuis Iulien
Qui n'enten mot d'italien,
Mais ſi uous grongnez autre fois,
Ie uous feray parler François,
Encor' que ſoyez bougrino.

Panthaleoné.

Non non,meſſer Iuliano,
Ie penſoy que ce fuſt un autre:
Car quant à moy ie ſuis tout uoſtre,
Et ne uoudroy rien attenter
Qui fuſt pour uous meſcontenter.

Iulien.

Ha Dieu,ie uous cognoy trop bien.
Si ſçaurez uous tantoſt combien
Me deſplaiſt uoſtre ſot langage.

SCENE.    II.

IOSSE, ANTHOINE, IVLIEN,

GERARD, PANTHALEONE.

IE ueux monſtrer que le courage
Ne m'eſt en rien diminué.

Anthoine.

Sire quand uous l'aurez tué
Ou uoulez uous que ie le mette?

Ioſſe.

Il me ſouuient de la deſſaicte

De Ceriſoles,quand ie uoy
Ce bon harnoys qui eſt ſur moy.
### Anthoine.
Vous appriſtes là les moyens
De tuer les Italiens.
### Iulien.
C'eſt à mon Coion qu'il en ueult.
### Anthoine.
Par dieu,mon maiſtre plus n'en peult,
Et ſi ueult encore aſſommer:
### Ioſſe.
Anthoine,ua-ten le ſommer
Qu'il aiſt à me rendre mes bagues,
Et ſ'il ne ueult,cent coups de dagues,
Cent coups d'eſtoc,cent coups de taille
Apres ſa mort.
### Anthoine.
Sus en bataille,
Sire,ce pendant que i'iray.
### Ioſſe.
Ne te ſoucie,ie feray
Auecque ceſte hallebarde
Vn eſcadron,une auantgarde
Car i'ay ueu que c'eſt de la gu erre.
### Iulien.
A uoir uenir ce gros tonnerre
Ie crain qu'il n'y ait de la pluye.
### Gerard.
C'eſt doncques à bon,i'ay enuie
Si ie uous puis un coup tenir.

### Anthoine.

Ha sire, le uoicy uenir.

### Iosse.

Tien bon Anthoine, ne fuy pas,
Ie ne seray qu'à quatre pas
Plus arriere, pour soustenir,
De peur qu'il ne face uenir
Quelqu'un pour nous prendre d'assault.

### Gerard.

Ie luy monstray bien, puis qu'il fault
Venir là, que i'ay la puissance
De luy faire une resistance
Aussi gaillarde & aussi forte
Que son assault.

### Iosse.

Sus, à la porte,
Entrons dedans, enfonçons l'huis.

### Gerard.

Vous sçaurez premier qui ie suis.

### Panthaleoné.

Hé! messieurs, messieurs patience,
Monstrez une plus grand' constance
Messer' Gerard, monstrez uous sage.

### Gerard.

Ha! si ie croyois mon courage,
Ie te donrois bien à entendre
Que tu ne doibs tant entreprendre.

### Iosse.

Ha par dieu ie ne te crain pas.

### Gerard.

Tu n'oserois marcher un pas

Pourtant, quelque grand que tu sois,
Tu aurois ta charge de bois.
### Iosse.
« Ha, grand uanteurs, petits faiseurs.
### Iulien.
Sçauez-uous bien que c'est, messieurs,
Tout le trouble & tout le mesfaict
C'est l'Italien qui l'a faict:
Car ie l'ay ueu sortir tantost
De chez uous, & gaignant le hault,
Il s'est sauué diligemment,
Pour changer son habillement:
Et de faict, il a mis sa force
Pour prendre uostre fille à force,
Ce nonobstant, il ne l'a sceu:
Et qu'ainsi ne soit, ie l'ay sceu
De luymesme: l'ay-ie inuenté?
Et maintenant plus tormenté,
Il ne fait plus que repasser,
Seulement pour recommencer
Son entreprise.
### Gerard.
Helas compere,
Aidez à prendre ce faulsaire,
Ce meschant & ce rauisseur.
### Iosse.
Voyla comment uous estes seur
Que c'estoit moy.
### Panthaleoné.
Ha, regardez
Ce que uous faites, attendez,

Ie ne sçay que c'est.
#### Iosse.
Coups de poings.
#### Iulien.
Non non, i'ay des autres tesmoings,
Ie m'en uay les faire uenir,
Ce pendant il le fault tenir.
#### Iosse.
Ha meschant, ha traistre, ha infame,
Tu uoulois suborner ma femme.
#### Gerard.
I'estois esbahy que souuent
Il passoit par icy deuant.
#### Panthaleoné.
Helas, messieurs, il n'en est rien.
#### Iosse.
Non, mon pere, tenons le bien,
I'y seray plustost tout le iour.

## SCENE III.
### LE GENTILHOMME, AGNES,
### IVLIEN, L'ADVOCAT.

Madame, pour le bon amour
Que ie uous porte, asseurez uous
Tant de moy, que i'auray tousiours
Cinquante escus pour subuenir
A tout cela, & maintenir
Vostre bon droict.
#### Agnes.
En uerité
Iamais ie n'ay tant merité

Qu'il uous plaist me faire d'honneur:  
Mais ie promets la foy, Monsieur,  
Que tant que ie uiue, i'auray  
Memoire de uous, & seray  
Preste à uous faire tout seruice.  
        Le Gentilhomme.  
Croyez que s'il y a iustice  
En ceste uille, ell' sera faicte.  
        Agnes.  
Las c'est tout ce que ie souhaite.  
        Le Gentilhomme.  
Et lors uous pourrez aisément  
Me donner le contentement.  
        Agnes.  
Monsieur, uous sçauez que ie suis  
Preste à faire ce que ie puis.  
        Iulien.  
C'est bien à cest' heure qu'il fault  
Se presenter à un assault,  
Et qui plus est, tost s'auancer.  
        L'aduocat.  
Ie uoy bien que tu ueux gosser.  
        Iulien.  
Gosser Monsieur? non fay par dieu,  
Car moymesme ie uiens du lieu  
Ou il y en a d'estonnez.  
        Le Gentilhomme.  
Si seront-ils desarçonnez,  
Tant losse que l'Italien:  
Car nous auons sceu le moyen,  
Comment il fauldra desormais

Nous y conduire.

### Iulien.

Si iamais
Il fut befoing d'entendement,
Il en fault auoir maintenant,
Et ne fe monftrer endormy.

### L'aduocat.

« Au befoing cognoift on l'amy.
Ie uous pry', coufin, haftons nous.

### Le Gentilhomme.

Nous n'auons que faire de uous
En ceft endroit, laiffez moy faire:
Allez uous en.

### L'aduocat.

Pour uous complaire
Ie le feray, mais ie uous prie
Entant que uous aimez ma uie.

### Le Gentilhomme.

N'eft-ce pas affez? Iulien,
Vien auec moy.

### Iulien.

L'Italien
Eft arrefté en uoftre place,
Et a defia un long efpace
Debatu encontre Gerard.

### Le Gentilhomme.

Qu'il f'en torche le nez, fa part
Eft fricaffee.

### L'aduocat.

Et les nouuelles
De toutes ces belles querelles
Comment les fçauroy-ie?

### Iulien.

*Point point,*
*Ie n'en laisseray pas un poinct.*

### L'aduocat.

*Mais escoutez sur toute chose:*
*De Madelon, ie m'en repose*
*Sur uous.*

### Le Gentilhomme.

*« Voyla, un amoureux*
*« Est si craintif & si doubteux,*
*« Qu'encore ne peult-il cognoistre*
*« Ce qu'il uoit deuant soy.*

### Iulien.

*Mon maistre*
*A si bien l'amoureuse rage,*
*Qu'il ne croit Dieu que sur bon gage.*

### Le Gentilhomme.

*Allons, madame Agnes, allons.*

### Iulien.

*Elle est du mestier, les talons*
*Me le monstrent assez.*

### Agnes.

*Monsieur,*
*Ie remets sur uous mon honneur.*

# SCENE IIII.

GERARD, IOSSE, PANTHALEONE,
AGNES, LE GENTILHOM-
ME, IVLIEN.

*Tenez bien, ie les uoy uenir,*
*Ceux là qui ueulent maintenir,*

*Que tu*

Que tu l'as uoulu suborner.
#### Iosse.
Par dieu,i'en feray ordonner
En plain parquet de Parlement.
#### Panthalconé.
Escoutez moy premierement.
#### Iosse.
Non,il me coustra tout mon bien
Pour te faire apprendre,combien
Ta meschanceté descouuerte
T'apporte de mal & de perte,
Tenons bien,mon pere Gerard.
#### Agnes.
Monsieur,uoyez uous ce uieillard
Qui parle si hault, & s'efforce
De tenir cest homme?c'est Iosse,
C'est celuy que i'ay espouse.
#### Le Gentilhomme.
Desia ie l'auois auise,
Et le pensoy bien recognoistre.
#### Iulien.
Voyci,ie les fay comparoistre:
Ca,dame Agnes,ça cy,Monsieur.
#### Iosse.
Nostre dame,i'ay eu grand'peur,
Par dieu i'ay pense perdre l'ame,
Ie pensoy que ce fust ma femme.
C'est elle urayment.
#### Gerard.
Qu'auez uous?
Vous changez couleur à tous coups.

P.i.

### Le Gentilhomme.

A cauſe qu'il eſt de la feſte,
Il n'ha que rompement de teſte,
Qui empeſche qu'il ne peult bien
Monſtrer l'accouſtumé maintien.
Mais hau ſire Ioſſe approchez,
La recognoiſſez uous?

### Panthaleoné.

Laſchez
Ceſte Dame, elle m'appartient.

### Le Gentilhomme.

Ha Coion, qu'eſt-ce qui me tient
Que ie ne t'aſſomme?

### Panthaleoné.

Par dieu
Elle eſt à moy.

### Le Gentilhomme.

Vuidez le lieu,
Ou uous taiſez: car ie proteſte,
Qu'il n'y aura ſi belle teſte,
Que ne face uoler en bas.
Ha uous ne uous contentez pas?

### Panthaleoné.

I'implore la faueur du Prince:
Sommes nous en une prouince,
Ou la rigueur ha plus de lieu
Que la iuſtice?

### Le Gentilhomme.

Vertu Dieu
Penſez uous-donc auoir affaire
A celuy qui uous ueult complaire?

### Iosse.

Ha! tout ceci sur moy redonde,
Car ie uoy bien que tout le monde
En a faict ses choux gras, & puis
Pauure malheureux que ie suis,
I'auray leur demourant.

### Panthaleoné.

Monsieur,
Delaissez là toute faueur,
Quand uous m'aurez bien escouté,
Ie sçay que serez degousté
De deffendre son droict, & croy
Que si uous auiez comme moy
Autant pris de peine pour elle.

### Iulien.

Ha urayment si elle estoit belle
Il y auroit meurtre: mais quoy?
Toute la beauté que i'y uoy
Ne peult faire dresser l'oreille
A mon courtault.

### Le Gentilhomme.

Ie m'esmerueille
D'entre uous coions effrenez:
Pensez uous nous rendre estonnez
Par une langue deceptiue,
Comme si la nostre captiue
Ne pouuoit respondre un seul mot?
Pensez uous le François si sot,
Qu'il n'egalle bien en parolle
Toute l'apparente friuolle
De nostre langue effœminee,
Oui comme une espesse fumee

Nous donnant au commencement
Vn effroyable eftonnement,
A la parfin s'efuanoüit
Auecque le uent qui la fuit?
Noftre France eft trop abbruuee
De uoftre feinte controuuee
Et deceptiue intention.

     Panthaleoné.

Ie l'ay nourrie dans Lyon
Defia l'efpace de trois ans:
Et puis à grand' peine & deffens
Conduicte iufque en cefte uille.

     Iulien.

Ce temps pendant, cinquante mille
Coups de feffes: & hault le corps
Contre les foibles & les fors,
Et penfez uous quel appetit,
Effayant du grand, du petit:
‹‹ Car on dit que le changement,
‹‹ Au ieu de l'amoureux tourment,
‹‹ Ne fait qu'aguifer le courage
‹‹ Pour rentrer en nouuelle rage,
‹‹ Et rallumer le feu d'amour.

     Gerard.

Comment compere? eft-ce le tour
D'un homme de bien? uous fcauez
En premier lieu, que uous auez
Encor' uoftre femme uiuante,
Qui s'offre à uous, & eft contente
De rentrer en premier mefnage,
Et uous uoulez en mariage

En prendre une autre? & attendu,
Que de droiɛt il eſt deffendu
De diſſouldre ce ſainɛt lien:
Vous auez cherché le moyen
De me tromper, regardez bien:
Car il me couſtra tout mon bien,
Pour faire punir un tel uice.

### Agnes.

I'en aduertiray la iuſtice,
Et ſi ie te feray porter
Deux quenouilles, pour atteſter
A tout le monde ton meſfaiɛt.

### Iulien.

Ha urayment ce n'eſt pas malfaiɛt,
Elle le tanſe la premiere.
Et uoyla, uoyla la maniere
De rentrer, ſé ſentant coulpable.

### Ioſſe.

Et ua meſchante, miſerable,
Apres qu'auec un ruffien,
Puis auec un italien,
Meſmement le premier uenu,
Tant l'eſtranger que l'incognu,
Les palfreniers & les coquins,
Tu as ioué des manequins,
Tu ueux rentrer auecque moy.

### Agnes.

Que fait une femme auec toy,
De qui la force & la puiſſance
Prend de iour en iour decroiſſance?
Vrayment il y a de l'acqueſt.

### Iulien.

Il luy faudroit quelque nacquet
Comme moy, pour le nacqueter
Dedans son ieu, & l'acquiter
Des arrierages qu'il feroit,
Et faire ce qu'il ne pourroit.

### Iosse.

Moy? i'aimeroy mieux estre mort,
Que d'endurer ainsi le tort
Que ceste meschante m'a faict.

### Le Gentilhomme.

Et par dieu donc pour le messaict
I'en aduertiray la iustice.

### Gerard.

Il n'est chose que ie ne feisse,
Pour en euiter le scandale.

### Agnes.

Non non, en belle pleine halle
Ie te feray pilorier,
Pour t'estre uoulu marier
A deux femmes, ie t'en asseure.

### Iosse.

Messieurs, uous uoyez quelle iniure,
Ie uous en pren tous à tesmoins.

### Agnes.

Si ie leue une fois les pouces
Sur toy, meschant.

### Iulien.

Quelle dial lesse
A la uoir, elle est donc maistresse:
Vrayment ie ne m'esbahy pas

*S'elle meist en uente son bas.*
### Gerard.

*Scauez uous bien que c'est, compere,*
*Vous uoyez combien cest affaire*
*Vous touche, il uault doncque biē mieux,*
*Pour l'honneur & profit des deux,*
*En eschapper, c'est uostre femme:*
« *Encore n'auons nous qu'une ame*
« *A sauuer ou damner, uoyez,*
« *Fußions nous les plus desuoyez,*
« *Si fault-il tousiours reuenir:*
« *Nous auons beau entretenir*
« *Haine & rancune l'un sur l'autre,*
« *Son honneur doit estre le uostre,*
« *Et tout uostre proffit le sien:*
*Puisque Dieu uous à faict ce bien*
*D'auoir uescu iusqu'auiourdhuy:*
*Laissez moy là tout cest ennuy,*
*Geennant uostre ame tormentee:*
« *Car là ou la cheure est liee*
« *Il fault qu'elle broute.*
### Iosse.

*Mais quoy?*
*Pourroy-ie uoir auecque moy*
*Celle qui m'a faict un tel tort?*
*I'endureroy plustost la mort.*
### Le Gentilhomme.
*Considerez le deshonneur*
*Que uous aurez, si ce malheur*
*Vient une fois à la notice*
*De la rigoureuse iustice.*

### Iosse. ~

*Ie l'entens: & la paix est faicte,*
*Par tel si, qu'Agnes me promette*
*Que iamais n'y retournera.*

### Le Gentilhomme.

*Et urayment elle le fera.*

### Agnes.

*Ie le feray: mais quand-&-quand*
*Qu'il me promette qu'orauant*
*Il ne fera plus si fascheux.*

### Iosse.

*Et par sainct Iaques, ie le ueux:*
*Et touchez là.*

### Agnes.

*Et hay auant.*

### Iosse.

*Ie uous remercy' grandement,*
*Monsieur, de uostre bon uouloir.*

### Gerard.

*Si est-ce qu'il me fault sçauoir*
*Qui me remboursera mes frais.*

### Le Gentilhomme.

*Or sus donques, ma dame Agnes,*
*Là, caressez le sire Iosse.*

### Agnes.

*Anenda, Monsieur ie m'efforce*
*De faire le mieux que pourray.*

### Panthaleoné.

*Et moy cependant, ie feray*
*Mis en oubli?*

### Le Gentilhomme.

Contentez uous,
Autrement uous aurez des coups
Pour plus parfaicte recompenſe :
Sçauez uous pas que la deſpenſe
Qu'elle a faict, eſtoit de l'argent
De ſon mari?

### Gerard.

Toſt, un ſergent
Pour prendre ce coquin au corps,
Lequel a mis tous ſes efforts,
Sous faux habits du ſire Ioſſe,
De prendre Madalene à force :
Ca mes ſeruiteurs, ſortez tous.

### Le Gentilhomme.

Vous uoyez que c'eſt, ſauuez uous
Deuant plus grand' noiſe.

### Gerard.

prenez.

### Panthalconé.

Par ma foy uous ne m'y tenez,
Ny uous ny tous uos beaux ſergens.

### Le Gentilhomme.

Sire Gerard, entrons dedans,
Et uous ſçaurez la uerité
De tout.

### Gerard.

Ie ſuis fort tormenté
De ce meſchant, & ie promets,
Que ſi ie le trouue iamais.

#### Le Gentilhomme.

Toy, Iulien, en ce pendant
Que ie seray cy attendant,
Va faire uenir le cousin.

#### Iulien.

Il sera faict.

#### Gerard.

Et uous uoisin,
Touchant le reste de l'affaire?

#### Iosse.

Tout ce que Monsieur uoudra faire
Ie le tien pour faict.

#### Gerard.

Ie le ueux.

#### Iulien.

Hé dieu, comment nostre amoureux
Se mettra dessus le hault bout,
Mais qu'il entende comme tout
S'est si bien manié par moy.
Il me semble que ie le uoy,
Pour un si grand contentement,
Au milieu d'un esbatement
Rire & saulter, iouer, danser,
Et puis en un coup m'embrasser
Pour estre cause de son bien:
Encor quand ie pense combien
La nouuelle de mon message
Luy augmentera le courage,
Mon cueur & mon ame sautelle.
Aumoins il aura sa Cruelle
A ceste fois, & la langueur

Sortira de son pauure cueur:
Ainsi que pour sa fermeté
Il a ia long temps merité.
    Et uous, Messieurs, que le seiour
Parlant de ce follastre amour
Ne peult fascher, si son ardeur
A quelque fois en uostre cueur
Monstré quelle estoit sa puissance:
Ou si de present l'esperance
Renouuelle uostre blesseure,
Monstrez uous fermes, ie m'asseure
Que cest amour uous fera estre
Encor plus heureux que mon maistre:
Et si uous ne trouuez moyen
De uenir à bout, Iulien
S'estimera tousiours contant,
Et bien heureux d'en faire autant.
Mais cependant, ne laissez pas,
Si uoulez, de haster le pas.


FIN DV THEATRE.

# FLORENTIS CHRI.
## STIANI AVRELII ODE IN
*Iacobum Greuinum Claromontanum Bellouacum.*

Valis sub alta Daulias arbore,
Cuius loquaces eripuit malus
    Nidos arator, luce, nocte,
      Multisonas modulás camœnas,
Nunc grande cantat, nunc tenue insonat,
Aut nunc acuto murmure tinniens
    Suspirat, & similis dolenti
      Bistonias iterat querelas.
Sic luce Phœbus seu nitet aurea,
Seu sera pallent nocte crepuscula
    Greuine, semper inquietam
      Quæris vbi inuenies quietem.
Dum tu impotenti victus Olimpiæ
Amore, luges multimodis tuos
    Sonis dolores, siue plectro
      Ausoniæ monimenta linguæ,
Graiósque honores in patrios sonos
Educis audax, seu fide barbiton
    Tendens iocosa multichordem
      Digna chely moderêre Teia.
Nasonis instar seu numerabiles
Tractare versus flebilis incipis,

Aut legis expertes Latinæ
  Pindaricos animosus hauſtus.
Magna illa certè,non tamen hæc ſatis
Supérque magna : deſine mollium
  Tandem Greuine,quęſo,amorum, &
  Parua modis tenuare magnis.
Ah quid iuuat te inſania amabili
Amice tantùm ludificarier
  Et vſque & vſque? & dulci amaro
  Senſa animi tua temperare?
Natura tempus cuique ſuum dedit,
Quod præter vnquam non decet egredi:
  Non ſemper idem floret annus,
  Aut foliis ſylüæ vireſcunt.
Non ille ſemper natus ad Aufidum
Pigrúmque Daunum,Sapphon ad Italas
  Deduxerit quamuis camœnas,
  Prælia virginibus canenda,
Aut plena ſemper carmina Libero
Cantauit:altum ſæpè opus,& neces
  Regum,magiſter ille amorum,&
  Pignora Phaſiacæ parentis.
Quid? ſi canendis non ſat idoneus
Eſſes ſeueris,propterea tui
  Semper iterandi eſſent amores,
  Nec caneres operoſiora?

Imbelle pectus tenuia,grandia
Tentare debet Musa potentior:
    At non tibi præcordiorum est
    Frigidus insipidúsve sanguis.
Euge euge socco macte nouo,vides
Quantus sit erga te populi fauor?
    Non hoc leue:& Plautina multùm
    Lingua Opicis placuit Camœnis.
Nam ne magistris his triuialibus
Placere cures,qui stribiliginem
    Tantùm rudem inter audientum
    Deblaterant humiles cateruas.
Iam grandiores fas tibi promere
Lusus,tibi fas parua relinquere:
    Iam te decet,velut abdicatum,
    Ponere plectra tuósque amores.
Procax relictis iam tua ludicris
Seueriorem Musa Tragœdiam
    Concinnet,atque actus potenti
    Cæsareos referat cothurno.
Ab·vsque Eoo carcere ad vltimam
Metam Occidentis,per liquidum æthera,
    Sic penna erit non vsitata
    Fas tibi ferre tuos honores.

## LE SECOND
# DE L'OLIMPE
## DE IAQVES GRE-
### VIN DE CLERMONT
## en Beauuaisis.

S O N E T S.

A Peine ay-ie gaigné un desiré ri-
    uage,
  l'ay encore le pied plongé dedans
    la mer,
  Ie uoy les tourbillons tant plus se
    r'animer,
  Et l'Ocean mutin abbayer une
    rage:
Ie recognois assez un malheureux presage,
  Toutesfois ie resen de rechef allumer
  Au milieu de mon cueur le feu de trop aimer,
  Qui me reiette encor' en un prochain naufrage.
Ie recognois assez que l'Amour furieux
  Ne peult estre dompté d'un plus uictorieux,
  Toutessois ie ne crain qu'enpiece il me detaille:
Ainsi uoit on souuent un uaillant Empereur,
  Ayant perdu son camp n'auoir perdu le cueur:
  Mais encore sanglant redonner la bataille.

Comme l'Aube au matin ſoudain ſe fait cognoiſtre
    Redorant noſtre iour de ſa belle clarté,
    Ainſi le plus parfaiĉt de uoſtre grand' beauté
    Feit que ſoudainement Amour ſ'eſt faiĉt mon maiſtre:
Mais fortune, Madame, en bas lieu m'a faiĉt naiſtre,
    Et le ciel déployant ſa liberalité
    Compagna de bon-heur uoſtre natiuité,
    De biens & de uertus, qui uous font apparoiſtre.
Qu'eſpere-ie donc plus ſinon un deſeſpoir,
    Puiſque faillant mon heur ne deffault le uouloir,
    Et que touſiours le feu ſ'attize dans mon ame ?
Ainſi Amour, qui eut ſa naiſſance des cieux
    Se monſtre entreprenant touſiours audacieux,
    Et fait par un uaſſal aimer une grand' dame.


Vien, Iour heureux, fen de l'une & l'autre ælle
    Le uoille obſcur du ſilence ennuyeux,
    Reuien, beau Iour, & d'un œil radieux
    Va luire au liĉt ou giſt Madamoiſelle.
Va, Iour promis (auquel ma toute-belle
    Me doit donner le guerdon tant heureux
    De tous mes maux) ua deuant ſes beaux yeux,
    Et en mon nom porte ceſte nouuelle:
Cil qui pour uous tant de maux à ſouffert
    S'attend au bien que luy auez offert,
    Et maintenant uous ſomme de promeſſe:
Non, ce n'eſt ſas à ceſte heure qu'il fault
    Faillir de cueur: car d'un ſi doux aſſault
    Ie me fay fort que demourez maiſtreſſe.

Mon nauire s'en ua tout chargé d'oubliance
    Sur une mer fascheuse, à minuict, en yuer,
    Entre Scylle & Carybde, ou pour le gouuerner
    Mon plus grand ennemi a pris toute puissance:
A chascun auiron un penser se balance,
    Qui ueult & la tempeste & la mort esprouuer,
    Contre le uoile un uent ne cesse d'estriuer
    Humide de souspirs, de desirs, d'esperance.
Vne pluye de pleurs, la nüe de malheur
    A mouillé & lasché le uoile & le cordage,
    Lesquels furent tissus d'ignorance & d'erreur:
Mes deux astres iumeaux à moy ne se presentent,
    Et l'art & la raison dans la uague s'absentent,
    Si bien que ie ne puis esperer le riuage.


Mon cueur impatient de uiure en liberté
    A raui mon repos, & meurtrier de ma uie
    Ralume un nouueau feu dont mon ame est saisie,
    Iusques au plus secret de tout' sa fermeté:
Et meurtrier de soymesme il quiert une beauté,
    Desireux de reuoir sa peine estre asseruie
    Au plaisir d'une dame, & pour une autre amie
    Viure pour tout iamais serf de la cruauté.
Voyez pour dieu, uoyez ceste esclaue, Madame,
    Et conduisez aumoins l'erreur de ceste flame,
    Raddressant en son port un nocher esgaré:
Gardez qu'il ne perisse au gré de la fortune,
    N'endurez qu'il s'arreste en lieu mal asseuré,
    Et pensez que son bien est d'aimer au gré d'une.
                                        Q. i.

Mignonne, pensez uous, pensez uous, ma mignonne,
  Auecque ce souzris appaiser mon courroux?
  Penseriez uous donc bien rendre mon mal plus doux,
  Pourtant si uostre main une faueur me donne?
Non, car ie sen tousiours l'amour qui m'esperonne,
  Redoublant la chaleur qui redouble entre nous,
  Et tant plus ie me sen fauorisé de uous,
  Tant plus ce dur Tyran me point & m'éguillonne.
Et comme un cerf nauré du dard qu'il porte au flanc,
  Laisse escouler sa uie, & sa force & son sang,
  En pensant euiter la mort mesme qu'il porte:
Ainsi ie porte au doigt ce qui me fait penser
  Cent fois à uos beaux yeux, & cent fois trespasser,
  Plus ie pense euiter le sueil de uostre porte.


La crainte, & le souci, & la ieune alegresse
  Vous font clocher sur l'un & sur l'autre costé,
  Icy est la uertu compagne de beauté,
  Icy est le chagrin de l'instante uieillesse:
Et moy pour estre trop uostre esclaue, Maistresse,
  I'ay chassé d'auec moy ma douce liberté,
  Ie me suis rendu serf à uostre cruauté,
  Tout ainsi que uostre œil m'en a donné l'addresse:
Ainsi le beau neueu du Roy Laomedon
  Resentant la grandeur d'un plus noble brandon,
  Rauit au roy Gregeois la beauté d'une Helêne:
Ainsi lon uoit tousiours celuy qui est premier,
  Par faute de secours deuenir cazanier,
  Et un braue soldat deuenir capitaine.

Ma belle Olimpe, helas, uenez pour secourir
    Voſtre pauure Birenne, hé! deſia l'an ſe paſſe,
    Que ie ſuis pour auoir pourchaſſé uoſtre grace
    Le priſonnier d'amour au danger de perir:
Venez me deliurer, ſans craindre d'encourir
    Le uouloir d'un tyran, qui cruel uous pourchaſſe,
    Venez donque, M'amour, Cimoſque ne menace,
    Pour la mort de ſon fils, de uous faire mourir.
Et ne doutez pourtant qu'en une eſtrange pleine
    Ie uous laiſſe au danger, ainſi que feit Birenne
    Celle qui au beſoing l'auoit ſauué de mort:
Le deſloyal ne fut nourri de la mammelle
    D'une femme, mais bien d'une beſte cruelle,
    Pour eſtre malheureux coulpable d'un tel tort.


Mignonne, où eſtes uous? faites moy ce bon tour
    De remonſtrer encor les ſoleils de ma uie,
    Ha bon dieu! ie me meurs, retirez ie uous prie
    Ce qui fait deſhonneur au grand dieu Porte-iour.
Non, ne uous monſtrez pas, mais pour tromper l'amour,
    Contentez ſeulement ma uoix qui uous conuie
    A me fauoriſer: car ie n'ay point d'enuie,
    Attendant mon malheur de faire long ſeiour:
Bon ſoir donques, mon cueur, bon ſoir douce Ioliere,
    Or ſus par ſept bons ſoirs accordez ma priere,
    Faites donques oyr par ſept fois uoſtre uoix,
Pour ſept que uous donrez, cinquante ie ueux rendre,
    Ainſi ſous le portail d'Olympe on peult entendre
    La belle nymphe Echo reſpondre par ſept fois.
                                    Q.ij.

Qui ueult uiure & mourir content & miserable,
 Qui ueult cent fois le iour heureux & malheureux
 Essayer doucement un appast amoureux,
 Et rendre d'un clin d'œil une playe incurable:
Qui ueult sentir l'effort d'un dard ineuitable,
 Qui ueult sentir l'effect d'un poison doucereux,
 Celuy tant seulement uienne uoir uos beaux yeux,
 Qu'il uienne contempler uostre grace admirable:
Il uerra deux sourcils en croissant reuoltez,
 Ou l'amour a niché le parfaict des beautez,
 Et sentira le feu de deux claires estoilies:
Il uerra sur un front les uertus & l'honneur,
 Et puis il m'aduoura le plus heureux sonneur
 D'auoir uoulu chanter des beautez les plus belles.


# CHANSON    I.

Ciel, qui de ma peine premiere
 Fus le plus fidele tesmoing,
Reçoy la plaincte coustumiere,
 Qui du plus profond de mon soing
S'esleue pour accompagner
Le uol de mon souspir dernier.


Reçoy la plaincte douloureuse
Que ie uay roulant en ces uers
Pour une dame rigoureuse,
Qui or' courant par ces desers
Emmene un miserable cueur
Prisonnier de sa grand' rigueur.

Helas! si quelque doleance,
Et les reliques d'amitié
Trouuerent iamais asseurance
Entre les bras de la pitié:
Marque pour memoire à tousiours
Les miseres de mes amours.

Va renouuelant d'aage en aage
Le rocher de sa cruauté,
Le dur aimant de son courage
Voilé dessous une beauté:
A celle fin que mes malheurs
Soyent faicts l'exemple aux successeurs.

Et pour loyer de mon seruice,
Seruice trop mal asseuré,
Fay qu'auant mourir ie iouisse
D'une part du bien desiré,
Qu'elle cognoisse que ie meurs
Tant seulement pour ses rigueurs.

Puis tu receuras ma pauure ame
Affranchie des diuers tours,
Qu'il fault pour l'amour d'une dame
Qu'un chetif esclaue d'amours
Souffre, en esperant seulement
Le bien d'un uain contentement.

Laisse moy donc, folle esperance,
Delaissez moy, ô uains desirs,
Et hors de uostre demourance

Q.iij.

Banniſſez uous, legers plaiſirs,
Puiſque ſerf du ſort rigoureux
Il me fault mourir langoureux.

L'accueil des bonnes compagnies
Me ſert d'ennuy, & les faueurs
Des dames me ſont ennemies:
Le ſupport des plus grands ſeigneurs
Ne peult tromper le ſouuenir
Du deſir que i'ay de mourir.

Or donc mortelle filandiere,
Borne ma uie & mon ſoucy,
Enclos en une meſme biere
Ma plainĉte & ma miſere auſſi:
Et puiſque le corps eſt mortel,
Fais auſſi mon mal eſtre tel.

Cruelle qu'as tu faict? qu'as tu faict ennemie?
  N'ay-ie pas ueu sortir un humeur de tes yeux
  Esclairant & bruslant, subtil & doucereux,
  Qui en un mesme instant s'est saisi de ma uie?
I'en ay le sang bruslé, & la face blesmie,
  I'en ay le cueur en cendre, & le corps langoureux,
  Et comme si ce fust un mal contagieux,
  Il a dessus mon tout desserré sa furie:
Ainsi qu'il estoit cler, tous mes pauures esprits
  En furent à l'instant facilement surpris,
  Ainsi qu'il estoit chault il attiza sa force,
Comme il estoit subtil il entra dans mon cueur,
  Puis dedans tout le corps, & or' par sa douceur
  Il sert à mon martire & d'appas & d'amorce.


CHRESTIEN, iettant mõ œil sur l'œil de ma mignarde,
  Nous beuuons à longs trets un humeur doucereux,
  Qui à flots ondoyans s'escoule par nos yeux,
  Et iusqu'au plus profond de nos foyes se darde.
I'ay tant accoustumé, depuis quell' me regarde,
  De prendre ce nectar sur tous delicieux,
  Que tout autre repas me semble estre ennuyeux,
  Au pris de cestuy-là qu'en ses yeux elle garde:
Ie ne uy d'autre chose, & d'autre ie ne meurs,
  Ie luy suis resemblant en façon & en meurs,
  Tout ce qui luy desplaist ne me sçauroit complaire.
I'auiande ses yeux, elle nourrit les miens,
  Ie luy compte mes maux, elle me dit les siens,
  Peult-on ueoir entre amans plus plaisante misere?

Q.iiij.

Iusques au plus secret du palais de mon ame
    Amour s'est escoulé si cauteleusement,
    Qu'auec tout le plaisir de mon gentil torment
    Viure me sen heureux au milieu d'une flame:
Et ce qui plus me rend uostre esclaue, Madame,
    Se uoit en la uertu qui eut premierement
    De uostre aage plus doux l'entier gouuernement,
    Et qui de iour en iour plus que iamais s'enflame:
Nostre bien, nostre amour, nos desirs amoureux,
    Esgalez aux souspirs d'une fascheuse attante
    Viennent pour renforcer l'amitié esperante:
Viuons donc constamment, ma toute desiree,
    Iamais paire d'amans ne furent plus heureux,
    Si ie suis Theagene, & uous ma Cariclee.


Ma mignonne, mon cueur, ma toute desiree,
    Seray-ie à tout iamais apres uous languissant?
    N'auray-ie point ce bien de me uoir iouissant,
    Receuant pour mes maux une heure plus heuree?
Helas! uous pouuez uoir ma face estre empiree,
    Le ruisseau de mes pleurs, & le teint palissant
    De mon corps demi-mort, que l'ame ua laissant,
    Et toutesfois ie n'ay ma poursuyte asseuree:
Le printemps me desplaist, l'esté m'est ennuyeux:
    Le iour ie suis pensif, la nuict ie ne repose
    Pensant incessamment aux rayons de uos yeux:
Et entre ces malheurs dont ie suis tormenté,
    I'ay seulement recours aux uers que ie compose,
    Qui plaignent auec moy uostre grand cruauté.

Forçant le plus secret du rocher de mon cueur,
    Ralumer ie laissay une si douce flamme
    Au profond de mes os, que l'amour qui m'enflamme
    N'est content de se uoir plus que iamais uainqueur:
Car tousiours augmentant contre moy sa fureur,
    Opiniastre & fier il martire mon ame,
    Impatiente, helas, pour uostre amour, Madame,
    Seule qui maintenant luy causez sa douleur:
Et le moyen qui peult contenter d'auantage
    Le louable dessein de mon ferme courage,
    Est de me uoir lié en si belle prison:
Rien ne pourra forcer le destin de ma uie
    Ores que ie suis uostre, & puisqu'amour me lie,
    Ie uoy bien que sur moy force lie raison.


Quel nouuel enchanteur auec son art magique
    A sceu si bien charmer ma raison & mes yeux,
    Que ie uaise courant ainsi que furieux
    Sans pouuoir arrester ma fuyarde Angelique?
I'oy, ce semble, sa uoix qui iusqu'au cueur me pique,
    Se plaignant d'estre es mains de ce fier sourcilleux
    Qui luy fait mille maux, touteffois ie ne peux
    Surmonter cest Atlant' sans le cor Astolphique.
Maistresse, ta faueur me soit un cor nouueau,
    Pour faire esuanouir tout l'orgueil du chasteau
    Que ce sot a basti sur les mons de promesse.
Ainsi par ton secours si ie me sen uanger,
    I'estimeray tousiours ma future liesse
    Surpasser les plaisirs de l'amoureux Roger.

Pucelles, tout l'honneur du ſeiour Cler-montois,  
    S'il aduient que ceſt œuure entre uos mains ſ'addreſſe,  
    Ne iugerez-uous pas cruelle la maiſtreſſe,  
    Pour qui inceſſamment tant de maux ie reçois?  
Ne iugerez-uous pas l'amour que ie conçois,  
    Eſtant recompenſé de trauail, de deſtreſſe,  
    Charmer trop follement ma follaſtre ieuneſſe,  
    Et prendre ſon plaiſir eu ma piteuſe uoix?  
Belles, iugez-le ainſi, car ainſi ie le penſe,  
    Mais ſ'il aduient un iour que i'aye recompenſe,  
    Changez d'opinion ainſi que ie feray:  
Iugez la gratieuſe, honneſte & pitoyable,  
    Qui aura faiſt un dieu d'un pauure miſerable,  
    Car des dieux compaignoñ en bon heur ie ſeray.


Las! ſi ce n'eſt amour, qu'eſt-ce donc que ie ſens?  
    Si c'eſt amour, pour Dieu, quelle choſe peuſt-ce eſtre?  
    S'elle eſt bonne, comment tel mal en peult-il naiſtre?  
    Si mauuaiſe, dont uient que doux ſoyent ſes tormens?  
Si ie bruſle à mon gré, en uain ie me deffens,  
    Mais ſi c'eſt malgré moy qu'un tel dieu ſoit mon maiſtre,  
    Comment fait-il ainſi ſa grandeur apparoiſtre?  
    Peult-il tant deſſus moy, ueu que ie n'y conſens?  
O nepueu de Thetis, qu'eſtrange eſt ta nature!  
    Tu me tiens dans ta nef uogant à l'aduenture,  
    Priué de gouuernail pour au bort arriuer:  
Tu me pais de douleurs, & en riant ie pleure,  
    La uie me deſplaiſt & la mort en meſme heure,  
    Ie gele en plein eſté, & ie bruſle en yuer.

Ie recognoy mon mal, ie uoy mon homicide
  Qui me fuit pas-à-pas, & pourtant ie ne ueux
  Me deffendre de luy, car le cueur defireux
  M'en retient en defpit de celle qui le guide:
Et tout ainfi qu'on uoit un eftalon fans bride,
  Porter à l'abandon le cheualier poureux,
  Puis deçà puis delà fur les monts perilleux,
  Et ores fur les bors de la grand pleine humide:
Ainfi par mes defirs la raifon eft portee,
  Et la Dame fe uoit du uaffal furmontee,
  Contrainte de le fuiure ou l'amour le conduit.
Bon dieu!ce qui nous fait eftre tels que nous fommes,
  Et qui nous a donné le nom entre les hommes,
  Par amour eft contrainct fuiure ce qui le fuit.


Amour depuis deux ans s'eft defrobé des cieux
  Pour eftre Forgeron, non que forger luy plaife:
  Mais pour me tourmenter il baftit fa fournaife
  Au milieu de mon cueur dont il eft enuieux.
Pour arroufer fon feu, il prent l'eau de mes yeux,
  Mes foufpirs pour foufflets, & mes ueines pour braife,
  Mon foye pour enclume, ou il forge à fon aife,
  Sans iamais fe laffer, mille trets uenimeux:
Là d'une lime fourde il ronge ma penfee,
  D'un efpoir il polit ma mifere paffee,
  Et à la folle attente il attache mes maux:
Qui plus eft mon D'AVRAT ce Forgeron peu fage
  Dedans mon pauure corps fait fon apprentiffage,
  Et des faultes qu'il fait i'endure les trauaux.

N O Y O N, *i'ay mis le pied sur la branche amoureuse,*
   *D'ou me pensant sauuer, ie me suis englué,*
   *Et là d'un coup d'estoc que l'Amour m'a rué,*
   *Ie senty à l'instant ma uie langoureuse:*
*Bien que ie n'aye pas mon ame furieuse*
   *Ainsi qu'en eut Rolant, si me uoit-on mué,*
   *Car ie m'apperçoy bien de raison desnué,*
   *Et de ce qui rendoit ma uie plus heureuse.*
*N'est-ce pas chose estrange endurer pour autruy*
   *Et perte, & des honneur, & douleur, & ennuy,*
   *Et n'auoir qu'un enfer pour toute recompence?*
*Noyon, garde toy bien de brancher comme moy*
   *Sur ces rameaux glueux, ou il n'y a qu'esmoy,*
   *Fay toy sage, Noyon, par mon incontinence.*


*Hastif & affamé le dixieme de Mars,*
   *Ie deuoray l'amour, dont la douce uiande*
   *Se presentoit à moy, puis d'une chaleur grande*
   *Ie senty son brasier dedans mon foye espars:*
*I'apperceu, mon C H R E S T I E N, la poincture des darts*
   *Que cest aueugle Archer incessamment desbande*
   *Dedans le cueur de ceux qu'il a faict de sa bande,*
   *Et qui le uont suyuant comme pauures soldarts.*
*I'enduray par neuf mois de ce repas estrange*
   *Vn dueil qui s'en forma, tout ainsi que se change*
   *La semence iettee en un terroir fecond,*
*Dont uindrent ces Sonets tesmoings de ma constance:*
   *Ainsi le grand Iupin ouurant son large front*
   *Du repas Metien enfanta la science.*

I'apperçoy tous les iours au bord de ma feneſtre
  Deux pigeons cazaniers baiſans s'enamourer,
  Et bec-encontre-bec leur amour aſſeurer,
  Dont un plaiſant combat à l'inſtant ie uoy naiſtre:
Lors ialoux de leur bien, cent fois i'ay uoulu eſtre
  Eſchangé en pigeon, pour ne plus endurer
  Les diuers tours d'Amour, qui pour me martirer
  Fait touſiours ſur mon chef ſa grandeur apparoiſtre:
Mais auec ce uouloir, i'ay deſiré touſiours
  Meſme eſchange en Madame, à fin que nos amours
  Libres des enuieux, des dangers & de crainte
Puiſſent trouuer en l'air une plus grand' faueur,
  Puiſque pour le guerdon de ma fidele ardeur
  En terre ie n'eus oncq' qu'une longue complainte.


Ie plaignoy mes douleurs lors que Henri ſecond,
  Apres auoir douze ans entretenu la guerre,
  Feit deſcendre du ciel pour le bien de ſa terre
  L'alme paix que les dieux luy baillerent en don:
Ie plaignoy mes douleurs, & l'enfant Cupidon
  Hardi plus que iamais deſſerroit ſon tonnerre
  Dans mon foye, ou touſiours en furetant il erre,
  Et encore le poil n'a friſé mon menton.
Ie n'ay point ueu les iours de l'an uingt & deuxieme,
  Et ſi ie ſuis deſia en mon mal plus extreme,
  Deſſeiché en ma chair, en mes nerfs & mes os,
Ie ne ſen plus d'humeur aux ueines & arteres,
  Toutefois au milieu de toutes mes miſeres,
  Maiſtreſſe, inceſſamment ie chante uoſtre los.

Le uouloir m'esperonne,& l'amour me conduit,
  Plaisir me tire à soy,l'usage me transporte,
  L'esperance que i'ay m'amuse & reconforte,
  Donnant la main au cueur qu'elle a desia seduit:
Il la prend,& tousiours miserable la suit,
  Il recule,uoyant une ennemie accorte,
  Concupiscence regne,& la raison est morte:
  L'un est maistre du camp,l'autre poureux s'enfuit.
La uertu & l'honneur,beauté & gentillesse,
  Auec un doux parler me prindrent en leur tresse,
  Ou lors ie demouray le captif de l'amour.
Cinq cens cinquante & huict,apres milles annees,
  Le dixieme de Mars,sur la moitié du iour,
  I'entray ou mes amours furent emprisonnees.


Libre de passions,de douleurs & d'ennuis,
  ie m'alloy gouuernant sous l'erreur de ieunesse,
  Ne m'estant arresté au ioug d'une maistresse,
  Alors que i'estoy homme autre que ie ne suis:
Tu m'allou poursuyuant,& or' que ie ne puis,
  Sinon ce que tu ueux,Fuyarde,tu me laisse,
  Tu ne dressois ailleurs sinon uers moy l'addresse,
  Et or' que ie suis tien,Mauuaise,tu me fuis.
O trop iniuste Amour!cruel & infidelle,
  Dont uient qu'ainsi tu fais discorder nos aesirs?
  Pourquoy prens-tu à gré la discorde immortelle?
Dessus mon desplaisir tu dresses tes plaisirs,
  Tu me laisses languir en mon mal plus extrême,
  Et constamment aimer celle la qui ne m'aime.

Ie penſoy, D'ESPINAY, eſtre ſeul en la France,
  Qui languiſt en mourant, & mouruſt languiſſant,
  Ie me penſoy tout ſeul deſſous l'Amour puiſſant
  Auoir chanté mon mal ſans une recompanſe:
Mais à ce que ie uoy, la flateuſe eſperance
  Ne m'a trompé tout ſeul en l'amour pourchaſſant,
  Veu qu'en ton premier feu tu ne fus iouiſſant,
  Pour t'eſtre declaré conſtant en inconſtance.
Pourtant, mon d'Eſpinay, ſi tu n'has autre bien
  Decelant la beauté, la grace, le maintien,
  Et les perfections d'une dame rebelle,
Si as-tu entre tous gaigné ce poinct heureux,
  Que tes diuins eſcripts t'aduouront aux neueux
  Poëte autant parfaict, que ta maiſtreſſe eſt belle.


L'eſprit diuin, dont l'immortelle eſſence
  Premierement uint de la main des dieux,
  Se uoyant preſt de ſ'enuoler aux Cieux
  Pour à iamais y faire demeurancé:
Auant ſortir, comme ayant iouiſſance
  De ce qu'il a deſiré pour ſon mieux,
  Predit ſouuent le malheur enuieux,
  Et nous en donne une ferme aſſeurance.
Ainſi iadis l'amoureuſe Didon
  Prophetiza les flammes du brandon,
  Qui alluma la gent Phenicienne:
Ainſi a faict l'honneur des Angeuins:
  Car en mourant, par ſes uers plus diuins
  Chantant ſa flamme, il a predict la mienne.

Sa flame est morte, & la mienne a pris uie,
  Ainsi qu'on uoit l'arbrisseau renaissant
  Au pied du tronc, qui s'en ua perissant
  Sous le ridé de l'escorce pourrie:
Il est au Ciel hors le danger d'enuie,
  Et ie suis cy apres uous languissant,
  Craignant tousiours l'enuieux palissant,
  Et le uenim d'une langue ennemie:
Et d'autant plus il surpasse mon heur,
  Que par sur tous est grande ma douleur,
  Et mes desirs chassant si belle proye:
Mais si uoulez serener uos beaux yeux,
  Vous pouuez bien me rendre autant heureux
  Sans que ie sois enuieux de sa ioye.


L'automne suit l'Esté, & la belle uerdure
  Du printemps raieuni est ensuyuant l'yuer,
  Tousiours sur la marine on ne uoit estriuer
  Le North contre la nef errante à l'auenture:
Nous ne uoyons la Lune estre tousiours obscure,
  Ainsi comme un croissant on la uoit arriuer,
  Toute chose se change au gré de la nature,
  Et seul ce changement ie ne puis esprouuer:
Vn an est ia passé, & l'autre recommance,
  Que ie suis poursuyuant la plus belle de France
  Sans auoir eschangé le courage & le cueur,
Qui fait qu'oresnauant ie ne me ueux fier
  A celuy qui a dict, comme asseuré menteur,
  Qu'on n'est pas auiourdhuy ce qu'on estoit hier.

Depuis que ie ne uoy ma fuyarde Maistresse,
  Le pourtraict de sa face & son port amoureux
  Se uient subitement presenter à mes yeux,
  Et tousiours son beau nom en ma bouche s'addresse:
Ie ne les puis fuir, ains comme a dict Lucresse,
  Ce mal que ie nourris à tousiours deuient uieux,
  La playe se rentame, & l'amour furieux
  Se glissant en mon cueur rengrege ma destresse:
En uain ie ueux troubler les ulceres premiers
  A coups de nouueaux trets, & guarir les derniers
  Par les communs attraits des plus communes proyes:
Car le dard uenimeux dont Amour me blessa,
  En ma chair & mes os si grand' douleur laissa,
  Qu'ores ie ne sçauroy sentir les moindres playes.


Celle-la qui iadis, alors que la ieunesse
  Boüilloit dedans son cueur, d'un uouloir hazardeux
  Se reietta cent fois aux combats amoureux,
  Dont elle a rapporté marque de sa prouesse,
Celle-la PATOVILLET, ore que la uieillesse
  La bannist de ce bien, non le cueur desireux,
  Ne cesse de prescher le desir trop poureux
  Et le tendre uouloir de ma ieune Maistresse.
Elle luy dit, M'amie, estrangez uostre cueur
  M'amie, estrangez uous de ce ieune macqueur,
  Et ne suyuez ainsi sa uolonté charnelle.
Et uoyla, Patouillet, ou maintenant i'en suis,
  Elle en demolit plus que bastir ie n'en puis,
  Et ie croy que pour aultre ell'se fait macquerelle.

P. ij.

# VILANESQVE I.

I'Ay trop serui de fable au populaire
  En uous aimant. trop ingrate Maistresse:
Suffise uous d'auoir eu ma ieunesse.

I'ay trop cherché les moyens de complaire
A uos beaux yeux, causes de ma destresse:
Suffise uous d'auoir eu ma ieunesse.

Il uous falloit me tromper, ou m'attraire
Dedans uos lacs d'une plus fine addresse:
Suffise uous d'auoir eu ma ieunesse.

Car la raison commence à se distraire
Du fol Amour, qui trop cruel l'oppresse:
Suffise uous d'auoir eu ma ieunesse.

# CHANSON II.

BOn soir mon cueur, & ma uie,
  Bon soir ma douce ennemie,
Ma belle Olimpe, bon soir,
Bon soir, ma plaisant' brunette,
Ma mauuaise, ma doucette,
Bon soir iusques au reuoir.

Que te puissé-ie, rebelle,
Ma tourtre, ma colombelle,
Mon plaisir & mon amour,
Pour tout le mal que i'endure,
Donner un bon soir, qui dure

Tout iusques au poinct du iour.
Hé! pour donner un souzrire
Penses-tu que mon martire
Trouue le seiour plus doux?
Ou bien que la gaillardise
D'une douce mignardise
Puisse appaiser mon courroux?

Il fault un baiser qui dure,
Vn long baiser qui m'asseure
Que tu me ueux secourir:
Et ce que plus ie desire,
Ce poinct que ie n'ose dire:
Car seul il me peult guarir.

Tu en rougis donc, Mauuaise,
Et ne ueux que ie te baise
Comme tu dois accorder:
Ha!tu ne te ueux pas rendre,
Il fault, il fault tousiours prendre
Ce doux poinct sans demander.

## VILANESQVE II.

### EN FAVEVR D'VNE DAMOISELLE.

Puisque mon cueur
l'ay mis en la puissance
D'un seul uainqueur
Qui en ha iouissance,
N'espere plus enuieux
Receuoir mieux.

Ne uïen uers moy
Me penſant eſtre tienne,
Autre que toy
M'a toute rendu ſienne,
N'eſpere plus enuieux
Receuoir mieux.

Car la uertu
Iointe à ſa bonne grace,
A combatu
Ton impudente audace:
N'eſpere donc enuieux
Receuoir mieux.

Puis un bon cueur
Se gardera d'eſlire
Vn ſeruiteur
Qui ſe plaiſt à meſdire:
N'eſpere donc enuieux
Receuoir mieux.

Ton faux parler
N'aura iamais puiſſance
De m'eſbranler
En ma perſeuerance,
N'eſpere donc enuieux
Receuoir mieux.

Plus ie me ſens
De par toy tormentee,
Plus ie conſens

A ma flamme augmentee,
Ne pense donc enuieux
Receuoir mieux.

Car le torment
Que pour aimer i'endure,
plus doucement
Entretient ma bleſſure:
Ne penſe donc enuieux
Receuoir mieux.

Le gentil cueur,
Duquel i'ay faict l'eſlite,
Seul de mon heur
Aura ce qu'il merite:
Ne penſe donc enuieux
Receuoir mieux.


## VILANESQVE III.

Eçoy, Mignonne, entre tes bras ma uie,
Reçoy mon cueur & mon ame aſſeruie,
Et pour guerdon donne ce don de grace
                    Que ie pourchaſſe.
Laiſſe moy uiure & pauure & miſerable,
Si malheureux ie te ſuis aggreable,
Et pour guerdon donne ce don de grace
                    Que ie pourchaſſe.
Reçoy de moy tout ce qu'une maiſtreſſe
Peult receuoir d'une ſerue ieuneſſe,

Et pour guerdon donne ce don de grace
                    Que ie pourchasse.
Fay moy mourir, si mourant ie t'aggree,
Fay si tu ueux mille maux à ma playe,
Et pour guerdon donne ce don de grace
                    Que ie pourchasse.

## BAISER I.

Penses-tu donques, Mauuaise,
  Qu'un simple baiser appaise
Le brazier qui s'est espris
Au milieu de mes esprits?
Non non, mon feu n'est semblable
A un grand uent effroyable,
Qui s'abbat le plus souuant,
Si dans l'air le ua suyuant
Le petit faix d'une nue
Semant sa pliye menue:
Mais il ressemble à un feu
Qu'on ua moüillant peu-à-peu,
A fin que sa chaude rage
Se rallume d'auantage.
Il fault donc pour l'appaiser
Me prodiguer ce baiser,
Dont les colombes mignardes,
Bec-contre-bec fretillardes,
Resuçotant l'urs desirs,
Se ralument au plaisirs.
Hé Dieu! que tu es couarde,
Hé Dieu! que tu es fuyarde,

Il semble à uoir a tous coups
Que Vulcain soit pres de nous
Iettant dessus nostre teste
Ceste esclairante tempeste,
Et le regard enuieux
Qui luy sort de deux gros yeux.

# BAISER    II.

GREVIN,    OLIMPE.

Endant qu'il n'y a personne,
Olimpe, que lon me donne
Ce que tu m'auou promis,
Alors qu'auec grand' priere
A l'occasion premiere
Nos baisers furent remis.

Approche, tu as beau faire
La fascheuse, pour m'attraire
A prendre pitié de toy:
Car encore que de grace
Ta promesse ie quittasse,
Tu ne sauuerois ta foy.

La foy doibt estre gardee,
La foy est recommandee
Autant que la chasteté:
Puisque chasteté tu gardes,
Pour un baiser ne hazardes
La foy que tu m'as presté.

OLIM. Mais mais tousiours uous ne faites

R .iiij.

*Que chercher les nuicts muettes*
*Pour de ma foy me sommer,*
*Il uault beaucoup mieux attendre*
*Que Phebus se uienne estendre*
*Pour le beau iour allumer.*

*Il nous fera ceste grace*
*De nous reuoir face-à-face,*
*Et contempler aisément*
*Ce que la nuict languissante*
*Sous sa uoulte brunissante*
*Nous ua cachant maintenant.*

*GRE. Non non, demain à l'Aurore*
*Nous commencerons encore*
*Ce doux combat mille fois:*
*Mais ores que la nuict sombre*
*Nous recache sous son ombre,*
*Tu payras ce que tu dois.*

*Paye, que tant tu es chiche*
*De ce qui demeure en friche*
*Iusqu'à ce desiré iour:*
*Et paye, auaricieuse,*
*La debte tant precieuse*
*Qui m'est acquise d'amour.*

*Et si ie ueux pour l'attente*
*En retirer une rente*
*Au lieu de mon interest:*
*Ou si tu ne le ueux faire,*

Il fault que pour me complaire
Le payment soit tousiours prest.

OLIM. Prenez-le donc à uostre aise
Ce baiser qui uous appaise,
Et pensez qu'oren auant
Ie me garderay bien d'estre
Si subite à uous promettre
Tant de baisers si souuant.

GRE.  Hé! folle, es-tu bien certaine
De passer ceste sepmaine
Sans aller sous le tombeau?
Non, non, pendant que la uie
Nostre ieunesse conuie,
Passons ce temps le plus beau.

Quand nous serons sous la lame,
Le doux feu qui nous enflame
Ne nous uiendra rallumer,
En mesme heure nostre cendre,
Et nostre amour le plus tendre
Se sentiront enfermer.

Ce pendant doncque, Mignarde,
Ie te prie ne hazarde
Nos plaisirs au lendemain,
Iamais la ioye future
Ne se peult dire si seure,
Que celle qu'on tient en main.

# CHANSON III.

ALlons Couarde esgarons nous
Entre ces coudriers & ces houx,
Dessous ces fueilles ueradoyantes,
Parmi ce bel esmail de fleurs,
Au doux souspirs de ces odeurs,
Dessus ces herbes renaissantes.

Comment, Maistresse, uous fuyez,
Et en fuyant uous uous riez
De la grand'faute que i'ay faite,
Quand ie n'ay mis tous mes efforts
De uous porter à bras-de-corps
Dedans ceste forest secrette.

Vrayment si ie uous y retien,
Mauuaise, ie m'asseure bien
Qu'à mon tour uous me uerrez rire:
Car au plus espes des forests,
Vous serez prise dans les rets
Que uous tend un nouueau Satyre.

# CHANSON IIII.

C'Est trop baisé, ie sen ma force
Faillir apres la longue amorce
Que uous me uendez doublement:
C'est trop m'esguillonner, Mignonne,
Le bon cheualier n'esperonne
Le coursier qui ua librement.

Il fault bien qu'à mon tour l'essaye
A fermer la premiere playe,
Que uos baisers ont rentamé:
Fußiez-uous cent fois plus rebelle,
Si fault-il que ie renouuelle
L'assault de ce lieu tant aimé.

Appelez moy-cruel, pariure,
Poursuyuez moy d'une autre iniure,
Esgratignez tant que uoudrez,
Ou bien, appelez uostre mere,
Menacez moy de uostre pere,
Pour tout cela rien ne ferez.

Encore moins par uos prieres,
Par uos mignardises premieres,
Par uos souspirs, ou par uos pleurs,
Puisque ie tien uos mains croisees,
Il fault, il fault rendre appaisees
Les estincelles dont ie meurs.

Ne pensez pas que ie ne puisse
Bien tost descroiser uostre cuisse,
Puis qu'ay gaigné ce premier poinct.
Que mon genouil l'a retiree
De sa compagne desiree,
Que desia uainqueur il desioint.

Or maintenant il uous fault rendre,
Ma douce Guerriere, & apprendre
Le moyen de recompenser

Tout mon seruice, & le merite
Que i'ay acquis en la poursuyte
Qui oncques ne me sceut lasser.

Helas! ie me suis faict accroire
Trop tost, que i'auois la uictoire:
Car maintenant plusque iamais
Ie suis demouré uostre esclaue,
Lors que me pensoy le plus braue
Ie me suis ietté dans uos rets.

Vous tenez ma force enfermee,
Vous tenez mon ame pasmee
Entre uos bras, & ie n'ay plus
Qu'un petit esprit qui souspire
Apres un si plaisant martire
Dompteur de toutes mes uertus.

Or sus donc resueillez mes forces
Auec les mignardes amorces
De mille baisers doucereux,
Ainsi me uerrez uous Mignonne,
Si uostre grace m'esperonne
D'un nouueau combat desireux.

## CHANSON V.

Miserable est l'amoureux,
Qui en son mal plus extreme
Ne peult donner à ses yeux
Le plaisir de ce qu'il aime,

Mais plus se sent-il fascher
S'il uoit, & ne peult toucher.

Plus miserable est l'amant,
Qui aime, qui uoit, qui touche,
Et qui en ce doux torment
N'ha le plaisir de la bouche,
Et celuy la qui conioint
Les douceurs du dernier poinct.

Fay donc, Olimpe, mon cueur,
Pour tout mon passé seruice,
Que d'une mesme douceur
En te baisant ie iouisse,
Que iouissent sur le thin
Les abeilles au matin.

Mais helas! i'apperçoy bien
Les miseres de ma uie,
Ores ie cognoy combien
L'amour ha sur moy d'ennie,
Quand pour l'amour auancé
I'en suis mal recompancé.

## VILANESQVE IIII.

Brasselets entrelassez
Des beaux cheueux de Madamé,
Vous resuscitez la flame
De mes feux desia passez.

*Beaux braſſelets, s'il aduient*
*Que d'une autre entrelaſſure*
*Ie preſente une ceinture*
*A celle dont mon mal uient :*
*Puiſſiez-uous ſi fort eſtreindre*
*La rondeur de mes deux bras,*
*Qu'ores que ie fuſſe las*
*Ma uolonté ne ſoit moindre.*

*Braſſelets entrelaſſez*
*Des beaux cheueux de Madame,*
*Vous reſuſcitez la flamme*
*De mes feux deſia paſſez.*

*Beaux braſſelets, quand les Cieux*
*Auront iugé que ie meure,*
*S'il aduient qu'Olimpe en pleure*
*Seruez d'eſſuyer ſes yeux,*
*Puis ainſi qu'une ceinture,*
*Pour la memoire à touſiours*
*De mes fideles amours,*
*Enlaſſez ma ſepulture.*

## PYRAMIDE.

*E*N *mon cueur*
*La fureur*
*Et la flamme*
*Se r'enflamme,*
*L'enfant Amour*
*A faict ſeiour,*

*Et comme maistre*
*Faict apparoistre*
*Combien en sçauoir*
*Il ha de pouuoir:*
*Car en pensant dire*
*Quel est mon martire,*
*Tant plus ie sen son ardeur*
*Renaistre dedans mon cueur.*
*Ie n'ay arteres ny ueines,*
*Qui ne soyent ia toutes pleines*
*De ce tant doucereux poison,*
*Dont il a repeu ma raison:*
*Elle, qui deust estre premiere*
*Au combat, s'est faict cazaniere.*
*O uous amans qui lisez ce discours,*
*Et qui encor n'auez senti les tours*
*De ce Cruel, apprenez à uostre aise,*
*Ainsi serez sages par mon malaise:*
*Et quand uous l'aurez sceu, uous n'aurez grand esmoy*
*D'estre de Cupidon seruiteurs comme moy:*
*Mais plustost uous plaindrez la peine & la destresse*
*Que i'endure, en aimant une fiere maistresse.*

## AMOVRETTE     I.

*Pvcelle, qui tiens mon cueur*
  *Au plus fort de ta rigueur,*
*Pucelle plus douce & tendre,*
*Que la fleur qui uient estendre*
*Tout-en-un-coup sa beauté*
*Au deuant-coureur d'Esté:*

Pucelle du tout semblable
A la liqueur admirable,
Qui sur le lys, sur le thin
Se distille le matin,
Quand encor Phebus commence
A dorer par sa presence
La blancheur du poinct du iour,
Voisine de son seiour.
Ne uois-tu pas, pucellette,
Que ceste fleur uermeillette
Languissante à la chaleur
Perd en un coup sa couleur?
Et desia toute flestrie
Se panche sur la prairie?
Ainsi sera-il de toy
Apres l'aage que ie uoy,
Quand la subite uieillesse
Du meilleur temps larronnesse
Ne te donra pas loisir
Qu'ell' ne te uienne saisir.
Helas! ceste couleur blanche
Qui ores dessus ta hanche
Se polit dessous la main
S'éuanouyra tout soudain:
Et le beau corail qui borne
Ces belles leures qu'il orne,
S'émorcellant, perira
Auec ton teinct, qui plira,
Comme dessous la charrue
Se plie la terre nüe.
Lors tu uerras tes cheueux,

Qu'eres

Qu'ores en cent & cent neux,
Comme une braue conqueste,
Tu retrousses sur ta teste,
Perdre leur blonde couleur:
Tu sentiras tout l'honneur,
Dont la longueur & le large
De ton front ores se charge,
Se plisser & replisser,
Et tout ton corps se lasser,
Mal propre pour la carriere
De la Deesse escumiere,
Qui gaillarde ne prend pas
En un uieil corps ses ébas.
Ton sein ou deux montaignettes
De laict, de liz, de perlettes,
S'enflent en mille beautez
Coulera sur tes costez.
Et lors tu n'auras personne
Qui ton logis enuironne
De prieres, & de pleurs,
Ou pinsetant ses malheurs
Face une fidele escorte
Dessus le sueil de ta porte.
Mais uefue de ce plaisir,
Froide & seule a ton loisir,
Ny requise, ny chantee
Tu passeras la nuitee.
Ce pendant donc que nos iours
Couuent les douces amours,
Et que le printemps nous tire
A l'essay d'un doux martire,

S.I.

Ne laiſſons trop pareſſeux
Couler ce bien doucereux:
Lors que uingt & cinq annees
Seront ſur nous retournees,
Les ans froidement chuiſis
Arreſteront nos plaiſirs:
Et noſtre aage tremouſſante
Se coulera languiſſante,
Et comme un peſant fardeau,
Nous clorra dans le tombeau.
En-ce-pendant donc, Pucelle,
Que nous ſentions l'eſtincelle
De ce doux feu qui nous point,
Iouiſſons du dernier poinct.

## AMOVRETTE II.

L'Amour eſpiant en tes yeux
D'un art bien plus induſtrieux
A ia recommencé ſa guerre,
Sans que touteſfois il deſſerre
Sur nous les dars accouſtumez,
Ny ſes uieux brandons allumez:
Mais quand ſur moy, trop douce-fiere,
Tu iettes ta belle lumiere,
Et les plus gentilles gaytez
De tes petits yeux affaitez,
Entremeſlez d'un doux ſoubzrire,
Se ſont les fleches dont il tire,
Et dont il traperce le cueur
De ton fidele ſeruiteur:

C'est l'éguillon, la seule flame
Dont tes yeux ont bruſle mon ame.
Tous ceux ſur qui tu as ietté
Les rais de leur douce beauté
En ont eſprouué la bleſſure,
Et la trop cuiſante bruſlure:
Si bien que le dieu Cupidon
Se ſert de tes yeux pour brandon.
   Or de peur que tu ne periſſe
Par tes yeux, ou que la malice
De ce trop affetté ſoldart
Ne ſ'aide de ton propre dart,
Qui ſeulet t'en pourra ſuffire:
Pour rengreger ton doux martire,
Pucelle, garde de te uoir
Dans le criſtal de ton miroir,
De peur que l'amour ne ſagette
Contre toymeſme une ſagette
Du fond du miroir radieux
Ou eſt l'image de tes yeux,
Et par ainſi ne ſois braſlee,
Pauurette, en ta flame allumee:
Ou te uoyant dans le miroir,
Garde que par te trop louer
Il ne face que tu periſſe
Comme en l'eau fut le beau Narciſſe.

## BAISER III.

Mon cher plaiſir, mon cher émoy,
Ie te prie commande moy

*De baiſer ta bouche tendrette,*
*De baiſer ta leure doucette,*
*Ou Cupidon & ſes trois ſeurs*
*Ont eſpandu tout' leurs douceurs.*
*Or ſus donques, ma douce uie,*
*Mon doux baiſer, hé ie te prie*
*Fay au moins de grace ce bien*
*A ton GREVIN, qui n'eſt plus ſien.*
*Hé mon Dieu! qu'as-tu tant affaire*
*De redouter ainſi ta mere!*
*Point point, oublie ce torment,*
*Ie baiſeray plus doucement*
*Tes petites leures uermeilles,*
*Que ne fait un iecton d'Abeilles,*
*Aßis deſſus un plan de thin.*
*Pour cueillir la manne au matin.*
*Or ſus, laiſſe que ie te touche,*
*Pour ſuccer ſur ta tendre bouche*
*Ce doux nectar delicieux,*
*Qui me rend auſſi-toſt heureux*
*Que pauurette ſera ma uie,*
*Si ce baiſer on me denie.*

## BAISER IIII.

*Svs, Olimpe, entrebaiſons nous,*
*Sucetant le Nectar plus doux,*
*Qui parmi nos baiſers ſe treuue,*
*Que n'eſt celuy duquel ſ'abreuue*
*Iupiter le maiſtre des Dieux,*
*Ou Mars le guerrier furieux,*

*Alors qu'humblement il caresse*
*Les yeux de sa belle Maistresse,*
*Ou qu'il enserre à bras tous nus*
*Les flancs de sa douce Venus.*

*    Inuentons dix mille combas,*
*Iette dessus mon col tes bras,*
*Suce mon ame, & moy la tienne,*
*Tien, pren sur ma langue la mienne.*
*Ha! ie me suis trop auancé,*
*Car de ta dent tu as pinse*
*Ma pauure langue fretillarde,*
*Et la tienne bien plus fuyarde,*
*S'est sauuee, apres auoir faict*
*La preuue du plaisant messaict.*

*    Ne t'en fasche point, ie me plais*
*Au doux torment que tu me fais,*
*Ie me plais en si belle guerre:*
*Tien, repren ma langue, & la serre*
*En tes leures pour appaiser*
*Le courroux du premier baiser:*
*Car en appaisant ceste offence*
*Tu luy donras la recompence,*
*Qu'elle attend pour auoir chanté*
*Les merueilles de ta beauté.*

*    Mais pourquoy lasches-tu ma main?*
*Ou te sauues-tu si soubdain?*
*Pourquoy me laisse-tu, fuyarde?*
*Pour Dieu ne t'en-ua point, mignarde,*
*Laissant mon brasier attizé:*
*Si n'est que tu es aduise*
*Cest importun, à qui l'enuie*

Donna premierement la uie,
Et l'impudence, pour toufiours
Empefcher nos douces amours.

## AMOVRETTE III.

Qvand ma toute-belle me rue
Vn clin d'œil à la defpourueüe,
Tout foudain en fe retirant
Baiffe la tefte foubzriant,
Et d'une nue rougiffante
Couure fa face reluyfante,
Toute honteufe d'auoir fçeu,
Que i'ay ce clin d'œil apperceu.
  Du fond de fon cueur elle tire
Vn doux efprit qu'elle foufpire,
Et moy ie fen une liqueur,
En qui goutte-à-goutte mon cueur
Se diftille, & une eau gelee,
Qui par mes temples efcoulee,
Se laiffe refpandre en mon dos:
Ie fen une horreur en mes os,
Qui deçà, qui delà furette
Dedans ma mouelle plus fecrette,
Tellement que tous mes efprits
Vont delaiffans les fens furpris:
Et alors pafmé ie demeure
Et trifte, & ioyeux en mefme heure.
Mais quant-&-quant que i'apperçoy
Ma follaftre uenir uers moy,
Qui d'une mignardife folle

Laisse appuyer sa leure molle
Dessus ma bouche, ie resens
Renforcer au double mes sens,
Ie sen mon cueur qui s'éuertue,
Ie sen la couleur qui me mue,
Et mon uisage rougissant
Au lieu qu'il estoit palissant:
I'apperçoy dix mille estincelles
Se réchauffer dedans mes mouelles,
Commençant petit-à-petit
De remouuoir un appetit,
Qui fait que tousiours ie desire
Appaiser ce plaisant martire,
Qu'elle pourroit aucunement
Contenter par accollement:
Mais ceste folle trop fuyarde,
Au besoing se monstre couarde,
Trouuant moyen de m'eschapper
Pour honnestement me tromper.
Ie cours apres, elle s'auance,
Elle s'enfuit de ma presence,
I'ensuy pourtant son premier cours,
Si bien qu'il peult uenir tousiours,
Auant que la pouuoir reprendre,
Quelque facheux pour nous surprendre.

## VILANESQVE V.

Puisque de mon cueur
     mour s'est saisi,
Et qu'en mon ardeur

I'ay si bien choisi:
Puissay-ie à iamais
Viure dans ses rais,
Puissay-ie tousiours
Estre serf d'amours,
Ou mourir pour ta beauté
Preuue de ma fermeté.

Ie me sens heureux
De uoir mon labeur
Des rais de tes yeux
Receuoir un heur,
Qui uient m'inciter
Pour te rechanter:
Puissay-ie tousiours
Estre serf d'amours,
Ou mourir pour ta beauté
Preuue de ma fermeté.

Ce que i'ay receu
Pour premier guerdon,
A dans moy conceu
Vn nouueau brandon:
Qui fait que ie ueux
Meriter un mieux:
Puissay-ie tousiours, &c.

Laisse donc ma main
Couler doucement
Au ual de ton sein,
Ou premierement

Ie laiſſay mon cueur
Serf de ta rigueur:
Puiſſay-ie touſiours, &c.

Ca, mon doux eſmoy,
Qu'on face attizer
Le feu que reçoy,
Par un long baiſer
Tous mes maux paſſez
Sont recompanſez:
Puiſſay-ie touſiours, &c.

Hé, mauuaiſe, helas,
I'ay mes ſens perdus
En uoyant tes bras
A mon col pendus,
Pour me ſecourir
Tu me fais mourir:
Puiſſay-ie touſiours, &c.

Mais le traiĉt qui ſort
Du clin de tes yeux,
Me ſauuant de mort,
Me fait deſireux
De plus longuement
Mourir doucement:
Puiſſay-ie touſiours, &c.

Helas, ou fuis-tu
Si toſt le cacher?
L'horreur de uertu

*Vient-il nous fascher?*
*Hé mignarde, apprens*
*De ne perdre temps.*
*Puissay-ie tousiours*
*Estre serf d'amours,*
*Ou mourir pour ta beauté*
*Preuue de ma fermeté.*


FIN DV SECOND DE

L'OLIMPE.

# A TRESHAVLTE ET

## TRESPVISSANTE PRINCESSE
Claude de France Duchesse de Lorraine. A son retour dudiét pais  1559.

### ODE.

Insi qu'une femme soigneuse
Et deuote attend le retour,
Dessus la riue perilleuse
De l'Ocean, ou fait seiour
Son mari qui iusqu'a l'Aurore
Passe les flots auantureux,

Pour auoir les butins heureux
Que nostre France tant honore:
Ceste pauurette coustumiere
De se bastir milles tourmens,
Va sur le haure la premiere
Contempler la rage des uens,
Et là si quelque uague esmue
Vient d'auanture s'esbranler,
Iettant les yeux uagues en l'air
Desesperee de sa uenue:

Tordant ses bras elle lamente,
Elle desphte ses malheurs,
Quasi redoublant la tourmante
Par ses sanglots et par ses pleurs,
Mais depuis que ce beau riuage
Reposé se laisse applanir,
Et quell'uoit son mari uenir
Deliuré de ce long uoyage,

Changeant ſubit la face bleſme
Commence à ſerener ſes yeux,
Et comme ſortant de ſoymeſme
Leue ſon ame ſur les Cieux,
Ou ineſperamment rauie,
Si elle la peu entreouir,
Deſia commance de iouir
Des deitez de l'autre uie.

Ainſi, Princeſſe, toute France,
De qui uous eſtes le ſupport,
Veſue, helas! de uoſtre preſence
Vous attendoit deſſus le port:
Ainſi les nourriſſons de Seine
Comme ialoux de uoſtre amour,
Vous attendoyent à ce retour
De uoſtre Duché de Lorraine.

Et or' treſheureux ſe reſentent
D'auoir receu tant de faueurs:
Qu'ils ont un heur dont ſe contentent
Les plus grands Princes & ſeigneurs:
C'eſt l'heur de uous reuoir, Princeſſe,
Vous en qui a touſiours eſté
La grandeur & la maieſté
Compagne de uoſtre ieuneſſe.

Car le Ciel à uoſtre naiſſance,
Fauoriſant un ſi grand heur,
Vous en donna la iouiſſance
Ainſi que liberal donneur:

Quand d'une prudence plus sage,
Bridant l'effort des uoluptez,
Furent entees les beautez
Sur l'entier de noſtre courage.

C'eſt pourquoy la bande ſacree
Des neus ſeurs qui m'ont eſleué
Au hault de l'immortelle Aſtree,
Veulent que ie ſois approuué
Vn des nourriſſons de memoire,
Si i'appen deſſus leur autel
Le nom & le los immortel
Qui ſuit noſtre immortelle gloire.

Non pour eſtre fille d'un Pere
Roy magnanime, iſſu des Roys,
Ou pour auoir un Roy pour frere
Monarque de tous les Gaulois:
Mais pour eſtre ſeule Princeſſe
Premiere qui auez lié,
Et diuinement marié
Les uertus auec la ieuneſſe.

Non pas qu'audacieux ie penſe,
Pour uoſtre merite auancer,
Eſtre telle ma ſuffiſance
Qu'impudent ie doibue auancer
Ma lyre trop mal accordee,
Pour les douceurs d'un ſi grand ſon
Que peult meriter la chanſon
D'une gloire recommandee.

Mais ainſi qu'a la bonté haulte
Des dieux, eſleuant un autel
(Bien que de rien il n'ayent faute)
On apporte un preſent mortel:
Ainſi te uien uous faire hommage,
Vous offrint des premiers preſens
Qu'ont apporte mes ieunes ans,
Voue z à tout uoſtre lignage.

# AV SEIGNEVR DE
## LAVNAY SVR SES HI-
ſtoires prodigieuſes.

### ODE·

Celuy qui d'une main ſoigneuſe
Append le doux fruict de ſes ans
Auec la troupe deſireuſe
De plus aſſeurez courtiſans,
Qui ont d'une courſe premiere
Franchi le ſentier peu batu,
Pour ſans une longue carriere
Cherir les filles de uertu.

  Celuy qui d'un grand cueur meſure,
Auec la rime de ſes uers,
Le beau chef d'œuure que nature
Monſtra baſtiſſant l'uniuers,
Ou qui par le fil d'une hiſtoire
Pourſuit les faicts plus merueilleux,
Dont la ueritable memoire
Se chargea des les ſiecles uieux:
    Celuy certes ſe renouuelle
Vne aultre uie apres ſa mort,

Que iamais la Parque cruelle
Ne pourra tirer sur le bort,
Ou les ondes obliuieuses
De l'impetueux Acheron,
Emportent les ombres paoureuses
La part ou les conduit Charon.
   Ce grand démon, ce uieil Homere
Immortel delaissa son corps,
Auec la commune misere
Fidelle compagne des mors,
Pour uoler iusqu'à nos oreilles,
D'aage-en-aage, renouuelant
Le doux nectar de ses merueilles
Qu'il ua dans nos cueurs distillant.
   Pour auoir discouru l'enuie,
Et le flambeau qui feit armer
Tout' l'Europe encontre l'Asie,
Et les orages de la mer,
Ou il a faict uaguer Vlysse
Comme banni dix ans entiers,
Luy grand Princ',exerçant l'office
Des misérables mariniers.
   Ainsi toy par ta preuoyance,
Tu te bastis en tes escris
Vne eternelle demourance
Auecque ces diuins esprits,
Que d'autant desia tu surpasses
Qu'est admirable le proiect,
Sur qui doctement tu compasses
Le beau dessein de ton subiect.
   C'est celuy qui te fera uiure,

Tant qu'on uerra les branſlements
Des corps celeſtes ſ'entreſuyure,
Tant qu'on uerra les elements,
Et les diuerſes ſympathies
Des corps culbutants de trauers
Renouueller dix mille uies,
Dans le uague de l'uniuers.

   Bien que pour l heure noſtre France
Ingrate, ſemble deſpiter
Ceux qui d'une braue aſſeurance
Or' ſ'efforcent de reſiſter
Aux effors de la Parque fiere,
Qui nous ſerrant ſous le fardeau
Dont noſtre uie eſt heritiere,
Cache un beau nom dans le tombeau.

   Bien qu'une brigade eſhontee
De badins, de ſots, d'ignorans,
Se uoye plus ſouuent montee
Aux degrez ou ſont aſpirans
Ceux-là qui forgent en la teſte
De leur auare uolonté
Les deſpouilles, & la conqueſte
Que iamais ils n'ont merité.

   Bien qu'ils ſoyent des premiers, ſi eſt-ce
Que le temps moins fauoriſé,
Regrette ce qu'en ſa ieuneſſe
Trop ignare il a deſpriſé:
Et ia commence à ſe deſplaire,
Priſant d'auantage tous ceux
Qui plus heureux ont ſceu parfair
Le chemin pour monter aux cieux.

Pourſuy

Poursuy donc, DE LAVNAY, cest œuure,
Dont tu as mis le fondement,
Et qui docte nous a faict preuue
Du reste de ton iugement:
Poursuy le, et pense que la France
Ia desia deßillant ses yeux
Commence à chasser l'ignorance
De qui s'arment les enuieux.

  Que te puissé te à fin de uiure
Entre les mains de plus sçauans,
Dedans ce beau sentier ensuyure,
Pour monstrer à ces ignorans
( nnemis des dons que Mercure
Et les Muses ne m'ont caché)
Ce que dans le sein de Nature
Plus curieux i'ay recherché.

# EPITHALAME DE M. IA-
ques Charpentier Docteur en Medecine, & de Catharine Charlot.

## O D E.

DEsia la nuict brunißante,
  S'esmaillant de mille feux,
Distille une eau languißante
Au plus profond de nos yeux,
Ia le charmeur de la uie
Au doux sommeil nous conuie.
  Tantost reuiendra l'Aurore
D'un bigarrement diuers

                        T.j.

Redorer la riue more,
Et réchauffer l'uniuers:
Et encor tu n'as sceu prendre
Ce qu'on t'a faict tant attendre.

　　Laisse pluſtoſt ceſte dance,
Et auant le nouueau iour
Va prendre la recompance
De ton plus fidele amour,
Ainſi atten contentee
Le tour de l'autre nuitee.

　　Tu uerras la troupe heureuſe
Des Charites tes trois ſeurs,
Qui d'une main planturcuſe
Mille chappelets de fleurs
A qui mieux-mieux te cordonnent,
Dont le lict ells' enuironnent.

　　Là tu uerras Hymenee
Eſpandre tous les preſens,
Dont la terre moiſſonnee
Se déueſtit au printemps,
Et dont l'heureuſe Arabie
Eſmailla tout' ſa prairie.

　　Comme apres un long uoyage
Le pelerin tout laſſé,
Reprenant cueur & courage
Oublie le mal paſſé,
Quand la derniere iournee
Luy fait uoir ſa cheminee.

　　Ainſi repren, Catharine,
Pour ta chaſte fermeté
Vn des loyers le plus dine

Qui n'ait point encor esté,
Et qui apres longue attente
Ores à toy se presente.
   Celuy qu'un chacun admire
Admira ta chasteté,
Celuy qu'un chacun desire
Desira ta grand' beauté,
Et seule tu es trouuee
Digne d'estre l'espousee.
   Les Charites t'ont nourrie,
Les Muses t'ont alaicté,
Diane a conduict ta uie,
Et Pallas sa dignité,
Qui pour l'heur de la iournee
Chantent Hymen Hymenee.
   Soit que ta grace on mesure,
Qui premiere le gaigna,
Soit qu'aux dons dont la nature
Ton printemps accompagna,
On arreste le merite
Qui le point & qui l'excite.
   Sus Pucelles desirables,
Qui au bal uous arrestez,
Et qui luy estre semblables
Desia desia souhaitez,
Chantez l'heure fortunee
Hymen Hymen Hymenee.
   Souhaittez, belles Pucelles,
Pour passer leurs iours heureux,
Vn accord de colombelles,
Et un heur de demi-dieux,

T. ij.

Iusqu'à leur derniere annee:
Hymen hymen hymenee.

    Quant à moy, ie leurs souhaitte
Mille plaisirs mille fois,
Et si ie suis bon prophete,
Ils auront en dans neuf mois
Commencement de lignee:
Hymen hymen hymenee.

# EPITHALAME DE M. IAN
## Rochon Docteur en Medecine, & de Iane
## de Braine, Ode.

### STROPHE    I.

Comme l'Aurore brillante
Va de ses yeux esmaillant
La noufture brunissante
Du grand Palais sommeillant,
Ia tirant sa teste blonde,
Et ses cheueux escartez
En mille & mille beautez
Dehors de la prochaine onde:
Ou comme on uoit au soleil
Vn beau bouton tout uermeil
S'eslargir en une rose
Hors de sa closture esclose.

### ANTISTROPHE.

Ainsi entre les pucelles
Dont Paris est orgueilleux,

Comme eslite des plus belles
Clartés brillantes aux Cieux,
Nous voyons sortir l'estoille
Que nostre Æsculape suit
Ou si clarté le conduit
Parmi l'obscur de ce voile,
Tesmoin du bien doucereux
Qui le rend autant heureux
Que la peine estoit entiere
De sa uictoire premiere.

### EPODE.

Il suit nauré iusques au cueur :
Mais elle farouche & tendre
Enuieuse de se rendre
Se balance sur la peur :
Puis constante, puis esmeüe,
Se plaira d'estre vaincue
Aiant trouué la saison
De luy donner guerison.

### STROPHE.

O qu'heureuse est la victoire
Ou le uaincu s'est fait seur
D'emporter la mesme gloire
Qu'a merité le uaincueur :
vne longue repentance,
Vn fascheux ressouuenir,
Ne uont pour le maintenir

En tardiue penitence:
Mais un se plaist tout ioyeux
En la faueur des haults dieux,
Et l'autre content s'esgaye
D'auoir combatu sans playe.

## ANTISTROPHE.

Ne craignez donc, Toute-belle,
Vn si douccreux esmoy,
La guerre n'est point mortelle
Ou lon a promis la foy
De uiure & mourir ensemble:
L'ennemi n'est point mortel,
Le combat n'est point cruel
Ou le plus foible ne tremble.
Allez donques tous ioyeux,
Viuez à iamais heureux,
Et prenez la recompance
De nostre longue esperance.

## EPODE.

Ce pendant nous irons prendre
Le repos du doux sommeil,
Attendant qu'on uoye estendre
Sur nous un nouueau soleil
Pour redorer la iournee,
Ou le plaisant Hymenee
Donra tesmoignage à tous
Du deuoir de nostre espoux.

# A SON GRAND CONSEIL
## PAR ALLIANCE.
### O D E.

« C'Est peu d'auoir esté né,
« Si auecque la naissance
« Le ciel ne nous a donné
« Quelque benigne influence,
« Et s'il n'ha pareilles meurs
« Versé dans deux gentils cueurs
« Compagnons de mesme uie,
« Dont l'un ne ueult rien auoir
« Ny desiré ny uouloir,
« Dont l'autre n'aist mesme enuie.

Car quel plaisir aurions-nous
De uiure sous un bon prince,
D'estre en un climat plus doux,
Et en fertille prouince:
Estre bien formez de corps,
Iouir de mille tresors,
Et de doctrine immortelle:
De sçauoir bien commander,
Et ne pouuoir accorder
L'amitié perpetuelle?

Ie despiteroy le iour,
Lequel premier me ueit estre
Hoste de ce grand seiour
Ou nature m'a faict naistre,
Si le Ciel large-donneur

T.iiij.

N'euſt mis en un autre cueur
Porté d'une belle dame,
Pour un grand bien aduenir
Et mon heur entretenir
Vne moytié de mon ame.

« Mais ainſi qu'on ne uoit point
« Sous ceſte grand arche ronde
« Vn homme heureux de tout point:
Le Ciel feit naiſtre en ce monde
Quelque malheur qui touſiours
Eſt accompagnant mes iours,
Et fait que i'erre ſans ceſſe,
Ores tenant d'une main
Vn conducteur inhumain,
Puis un autre qui me laiſſe.

Ainſi alloy-ie ſuyuant
Mon deſir à l'auenture,
Quand il me uint au deuant
Vne guide, qui m'aſſure
De guider mes pas errans,
Et mes deſirs eſperans
Si i'alloy ſuyuant ſa routte:
Mais, helas! ie fu deceu,
Car ie n'auois aperceu
Que ce fol ne uoyoit goutte.

Außi fu-ie mal conduit,
Car en ſ'eſtant faict mon maiſtre,
Il feit que mon cueur ſeduict.

Aima auant que cognoiſtre:
Ie fus quelque temps errant
Et quelque temps aſpirant
A la uaine iouiſſance,
Penſant auoir rencontré
Au cueur ou i'eſtois entré
Ce dont i'auois eſperance.

Toutefois ie n'auois pas
Souz l'incertaine conduicte
Aſſeuré mon premier pas,
Quand ce Trompeur print la fuitte:
Et deſ-l'heure ie connus
Qu'il eſtoit filz de Venus:
Et auſſi ſa fin amere
Me feit cognoiſtre aiſement
Le doux empoiſonnement
Du filz d'une douce mere.

Or maintenant que l'amour,
Opinion deprauee,
M'a monſtré le dur ſeiour
De ſa miſere eſprouuee,
Ie m'en uay libre querant
Ton grand Conſeil, eſperant
Le bien d'une heureuſe ſuitte:
Car mon pauure cueur fut né
Pour eſtre un iour gouuerné
Par ta meilleure conduicte.

Tous deux nous ſommes conduicts

D'une pareille esperance,
Tous deux nous sommes induits
A craindre mesme nuisance:
Nous auons tous deux le cueur
Ennemi de la rancueur,
Nous couuons dedans nostre ame,
Vn mesme contentement,
Qui uient mouuoir sainctement
Le doux feu qui nous enflame.

Le iour fut donques heureux,
Qui premier me ueit au monde:
Et le Ciel fut gracieux,
Qui d'une main plus feconde
Espandit dedans ton sein
Le seul heur de mon dessein,
Et la conduite future,
Et le sain conseil aussi,
Pour soulager le souci
De la peine que i'endure.

## LE SECOND LIVRE
# DE LA GELO-
## DACRYE DE IA-
### QVES GREVIN DE CLER-
mont en Beauuaisis.

## A GERARD L'ESCVYER
### PROTENOTAIRE DE
Boulin.

PLVS souuent un Seigneur auecque grand' despence
Fait bastir en son champ un cha-
steau de plaisance,
Ou pour mieux enrichir l'ouurage
somptueux
Il represente au uif en pourtraits
les ayeux:

Puis songneux recherchant les antiques medailles
D'un ordre entresuyui il bosse les murailles
De ce grand bastiment: Mais il garde au milieu
De tous ces beaux pourtraicts un honorable lieu

Esleué par sus tous pour y mettre l'image
De son Prince ou son Roy, en signe de l'ommage
Qu'il doit à sa grandeur.    Ie suis ce grand seigneur,
Sinon en apparence, aumoins dedans le cueur,
Et uous estes le Roy, mon liure est l'edifice,
Non point enorgueilli d'un braue frontispice,
De frise, de corniche alentour du plat-fond,
Ou grands arcs triomphans au plus hault de son frond:
Mais de uers façonnez ore à la Dorienne,
Ores à la Françoise, ore' à l'Italienne,
Tantost à la rustique, ainsi que nos esprits
Ont naturellement une science apris,
Et songneux recherché aux plus uieilles reliques
Les grand' perfections des poëtes antiques.
    Or ceux dont les uertus sont mises en ses uers
Representent icy les medaillons diuers,
Que le premier seigneur d'une main plus songneuse
Auoit fait ramasser sur la riue poudreuse
Ou de Xanthe, ou du Tybre, ou du Pau, ou du Rhin,
Ou dessus les sablons d'un riuage marin:
Et uous a celle fin de tousiours apparoistre
Entre tous ces Herons, & qu'on puisse congnoistre
Combien pour la uertu ie uous porte d'honneur,
Ie uous ay uoulu mettre ainsi que mon seigneur
Au milieu de mon liure, offrant l'autre partie
Des uers qu'ay composé par ma Gelodacrye.

# ELEGIE SVR LA MI-
### sere des hommes.

Qvel est ce dieu uainqueur qui dans moy renouuelle
  Les esguillons d'une saincte estincelle?
Dont uient que ie resen incessamment en moy
  Vn nouueau feu & un nouuel esmoy?
Ne m'est-ce assez d'auoir fuict marche de ma honte,
  Sans qu'autrefois un autre me surmonte?
Muses, ie uous depite, aussi fay-ie Apollon,
  Ie me repen, puisqu'un dieu plus felon
Se fait maistre de uous, & que le poure poete
  N'a rien parfaict qu'une peine parfaicte.
Ie l'ay bien apperceu, ô deceuantes ieurs:
  Car quant-&-quant que uos aigres-doulceurs
Eurent empoisonné le plus fort de mon ame,
  Ie fus brusle d'une cuisante flamme,
Ie deuins amoureux & gené de souci,
  Auec uos eaux ie beu la peine aussi:
Et ores que ie pense estre un peu plus deliure,
  Voicy un dieu qui de nouueau m'enyure
D'un poison plus bouillant, dont ne peux esperer
  Sinon toustiours de rire & de plorer
Rire la chose helas! la plus desesperee
  Plourer, & si tout est plain de risee:
Il n'y a rien icy qui ne soit malheureux,
  Tout est folie, & tout est glorieux.
Ie plore le malheur, & ie ris la folie,
  Ie plore & ris la gloire de la uie.
Pauure homme, tu feus faict d'un petit de mortier,
  Mais au soleil, & tu te ueux fier

En la force du corps, tu fus bafti de terre,
    Et contre Dieu tu entreprens la guerre :
Tu te laiffes mourir plus fouuent en naiffant,
    Ou fi tu es plus long temps iouiffant
Vingt ans ou quarante ans de cefte poure uie,
    Ce ne fera fans une maladie,
Qui toufiours compaignant le fentier de tes pas
    En la parfin te conduit au treffpas.
Les quatre premiers ans tu es comme une fouche
    Toufiours couché au lieu ou lon te touche,
Inhabile, impotent, fans parler, fans raifon,
    Et attaché comme en une prifon
Au milieu d'un berceau, plongé dedans l'ordure,
    Et par le corps lié d'une ceinture
Qui te tient malgré toy, & tout Roy que tu fois,
    Si n'has tu rien qu'une efclatante uoix.
Confidere auec moy, pauure homme, confidere,
    Combien plus grande eft la tienne mifere,
Et comme doublement te font doublez les maux
    Au pris de ceux des autres animaux.
Confidere auec moy combien nature chiche
    Te cognoift moins qu'un fimple fan de biche :
Quant-&-quant qu'il eft né, il ha d'elle ce don
    De f'encourir par tout à labandon,
De fe chercher pafture, & une feure place
    Quand le chaffeur encommance fa chaffe :
Mais toy pauuret, fortant nouuellement en terre
    Plus engourci qu'une pefante pierre,
Tu demeure' en un lieu ou tu ferois toufiours
    Accompliffant le terme de tes iours,
S'on ne t'en retiroit, & fi ta mere efmeüe

Ne te sauuoit de telle inconuenue.
Ces premiers ans passez tu n'es encore rien,
    Si tes parens n'ont pour ton entretien,
Soit aux arts liberaux, ou bien aux mechaniques
    (Dont on se sert parmi les republiques,)
Espargné quelque argent: encor endures-tu
    Auant qu'attaindre à ce poinct de uertu,
Milles maux rechargez dessus ta poure teste,
    Ainsi qu'on uoit tempeste sur tempeste.
Si tu es au college, helas! combien de fois
    Ne manges-tu le lard apres les pois:
Combien de fois, helas! te mets tu dans la couche
    Quand plus la faim que le sommeil te touche.
Encore s'il aduient que tu ayes sommeil,
    Combien de fois auras-tu le reueil,
Auant qu'un nouueau iour rentre dans sa courtine,
    Par l'esguillon d'une espesse uermine?
Quand le froid Aquilon sifle, combien de fois
    Sans feu sans leur soufles-tu dans tes dois?
Puis en ce dur torment tu uois ia retournees
    Dessus ton chef les uingt-&-cinq annees,
Et le temps ou tu es plus gaillard & dispos
    Te tient frustré de plaisir & repos.
Trente ans uiennent apres, moitié de nostre uie,
    Alors te croist une rongeante enuie
(Voyant deuant ton feu ta femme & tes enfans,)
    De t'enrichir, fuyant les passetemps.
Vne femme te suit, actiue, imperieuse,
    Fine, mauuaise, sotte, malicieuse,
Qui ha plus de pouuoir dessus ta uolonté,
    Qu'en ton uiuant tu n'eus de liberté,

Qui rompt plus en un iour que ta raison certaine
　　N'aura basti au long d'une sepmaine,
Qui sçait si bien masquer son fard malicieux,
　　Qu'elle t'arrache & le cueur & les yeux.
Au milieu de ces maux uoici ia la uieillesse
　　Qui te tallonne, & comme larronnesse
(Lors que tu pense' auoir gaigné le doux repos)
　　Sous le tombeau elle enferme tes os.
Mais prenons si tu ueux, que hors du Mariage
　　Tu sois en court cherchant ton aduantage
A la suitte d'un prince, ou d'un grand Cardinal:
　　Encore plus endures-tu de mal,
Soit forçant ton uouloir à fin de luy complaire,
　　Et en un iour cent fois te contrefaire:
Soit adorant celuy que tu mettrois à mort,
　　Si à l'escart tu te sentois plus fort:
Soit poursuyuant un bien qui souuent se presente,
　　Et ou souuent tu n'y pers que l'attente.
Et bien, que t'aduient il apres tant de trauaux,
　　Pour en la fin recompenser tes maux?
Tu pourras arracher quelque bon benefice,
　　Ie le ueux bien: mais si tout le seruice
Qu'as faict en poursuyuant, estoit bien balancé,
　　Tu te uerrois fort mal recompancé.
Car y a-il raison qu'une chose diuine
　　Soit recompance à une bonne mine?
A une fauceté, à un temps employé
　　Pour bien tromper un pauure marié?
Soit ainsi, ie le ueux, puisqu'ainsi on en use,
　　Mais respons moy, si tu auras excuse
Quand uiendra le grand iour tant craint & perilleux
　　　　　　　　　　　　　　　　D'auoir

D'auoir mangé le bien des souffreteux.
Ie laisse mille maux qui talonnent ta uie,
    L'orgueil, l'amour, l'auarice, l'enuie,
Et apres ton trespas ton bien tout deiecté,
    Comme il estoit assez mal acquesté.
Ie me plaignois ainsi aigrissant mon martire,
    Lors qu'un caphart me uint mouuoir à rire:
Vn caphart tout gourmand, un souldard de Bachus,
    Vn nourricier de putains & coquus.
Luy bien gras, bien refaict preschoit de l'abstinence,
    D'amour diuin & de la continence:
Il alloit detestant le uice des humains,
    Et deuant tous il en lauoit ses mains
Tout ainsi qu'un Pilate: il m'esmeut tant à rire,
    Qu'en me riant ie ne sceu plus rien dire.
Voyla comme ie suis en plorant tourmanté
    Et en riant banni de liberté:
Dont mille fois le iour les Muses ie dépite,
    Qui ont si mal compencé mon merite,
Ie dépite Apollon & ses presens aussi,
    Puisqu'en mon cueur il bastit le souci,
Et ore la risee: & que le pauure poete
    N'ha rien parfaict qu'une peine parfaicte.

                          V. i.

# A MONSIEVR DE POIX
## Medecin de Madame de Lorraine,
### E L E G I E.

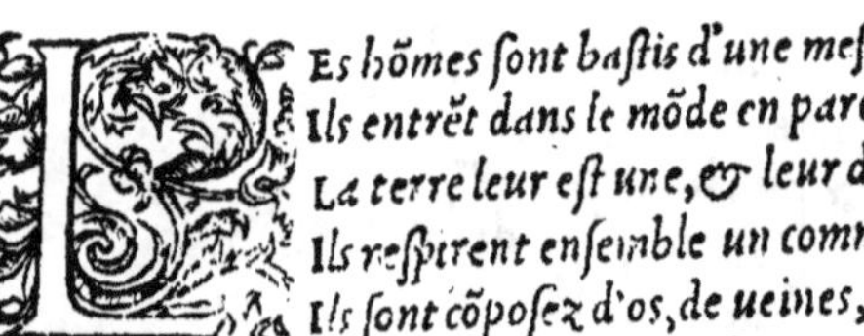

Es hõmes sont baftis d'une mefme matiere,
Ils entrẽt dans le mõde en pareille maniere,
La terre leur eft une, & leur dõne aliment,
Ils refpirent enfemble un commun element,
Ils font cõpofez d'os, de ueines, & d'arteres,
De mufcles, de tendons: & à mefmes miferes
Ils font affubieftis, encor' ne peult-on uoir
Deux hommes accordans en un mefme uouloir.
Tu en uois quelques-uns de corps eftre femblables,
De la face & du port, mais d'efprit diffemblables.
Ie dy ceci, D E P O I X, non que ie foy' faché,
Que d'un mefme defir Nature n'a touché
Les efprits des mortels: car ce feroit dommage,
Qu'un chacun s'employaft à faire un mefme ouurage.
Ie me deulx feulement de uoir ces enuieux
Reprendre mon labeur fans pouuoir faire mieux.
I'entrepren (difent-ils) un œuure fort à faire,
I'entrepren de parler, moy qui me deuroy taire,
Et fans auoir encor' le poil fur mon menton,
Ie cherche les fecrets du diuin Apollon.
Mais entre ces abbois, cela qui moins m'eftonne,
C'eft que fuis appuyé en une caufe bonne,
M'affeurant que iamais ie ne feray repris
Des doftes, pourfuyuant mon chemin entrepris.
Ils adiouftent encor', que ce m'eft phrenefie
Ioindre la Medecine auec la Poëfie:

Mais il n'ont pas appris cest exemple diuin
Qu'Apollon fut iadis & poete & medecin:
Et que souuentesfois un braue Capitaine,
Apres le long trauail d'une poudreuse plaine
Se retire ches soy, ou de soing deliuré
Auec ses familiers il deuise en priué,
Et à l'aise chassant dessus son heritage
Ralume dedans soy un desir, un courage
Pour retourner encor' au seruice du Roy.

   Ainsi fay-ie, De-poix, me retirant chez moy
Apres m'estre employé à plus graues estudes,
Ie trouue ces neuf Seurs qui ne me sont si rudes
Que leur frere Apollon, & me rafraichissant
Ie sais de leurs douceurs quelque temps iouissant:
Et puis ragaillardi ie rentre en la carriere,
Ou i'essaye autrefois l'entreprise premiere.
Ainsi depuis deux iours ie m'en estoy uenu
Vers ce docte troupeau qui m'auoit mescognu,
(Tant il y a long temps que sur ces riues molles
Ie n'ay auecque luy arrondi les carolles:
Aussi ie recognoy ce uers tout foible & lent
Engourdi, desseiché, & rude & mal coulant)
Là me resouuenant que la poesie est faicte
Pour priser la science, & que tousiours un poete
Doit enrichir ses uers, louangeant le scauoir,
I'ay essayé De-poix, de me mettre en deuoir
Tel que tu le requiers, mais ie n'ay sceu tant faire
Que riant & plourant l'enuie & la misere
Dont les hommes sont pleins, ie n'aye delaissé
Auorter pauurement mon œuure commencé.
Mais pour autant qu'on dit que tousiours la science

V. 4

*Est importuneement suyuie d'ignorance,*
*Ie n'ay uoulu laisser malgré tout cest erreur*
*De suyure quelquefois une docte fureur:*
*Ie n'ay uoulu laisser d'honorer ta sagesse*
*Esguillon suffisant de ma tendre ieunesse.*
*Ie n'ay uoulu laisser d'honorer ton sçauoir,*
*Qui est le seul autheur qu'ores on te peult uoir*
*Employé pour seruir une Princesse sage,*
*Qui porte un meur esprit compagné d'un ieune aage,*
*Qui t'a esleu pour sien, & qui a quelquefois*
*Presté sa docte oreille aux accens de ma uoix,*
*Qui me fait esperer une faueur plus ample,*
*Et qu'un iour te pourray suyuant ton bel exemple,*
*Receuoir de sa main tant & tant de faueurs,*
*Que mon deuoir sera loyer de mes labeurs.*


## ΕΙΣ ΓΕΛΩΔΑΚΡΥΑΝ
### Ι. ΓΡΕΒΙΝΟΥ.

Ἀρχαίης Ἐφέσου κλέος ἔνδον Ἡράκλειτος
　Κλαῦσεν δ᾽ ὑγρῶν ἔργ᾽ ἀμφ κηνὰ βροτῶν.
Τοῖς δ᾽ αὐτοῖς ἐγέλα Δημόκριτος Ἀβδηρείτης
　(Ὡς λόγος ἦν πάσης ἔμπλεος ὢν σοφίης.)
Οὐκ εἰκῆ δ᾽ ἄρ᾽· ἐπί γε βίου μεροπηίδος οὐδὲν
　Οὐδ᾽ ἐχθρότερον οὐδὲ γελοιότερον.
Εἷς μόνος ἀμφοτέρων περφέρεις Ἰάκωβε Γρεβῖνε
　Ἄξια ἃ κλαῦσαι, ἄξια καὶ γελάσαι.


ΦΛΩΡ. ΧΡΙΣΤΙΑΝΟΥ.

# SONETS.

E n'est plus moy qui ueult faire d'un rien
        grand' chose,
Ie ne cizelle plus fur l'immortalité
Le foudain changemët d'une uaine beauté,
Ornät de defhonneur le uers que ie cöpofe,
Ie ne ueux plus cacher par la Metamorphofe
Cela qui eft mortel deffous la deïté,
Efclauant follement ma douce liberté:
Pour un meilleur fubiect ma rythme ie difpofe.
Vne dame plus forte a mis hors de prifon
    Ma ieuneffe captiue:elle qui eft Raifon
    S'eft remife en la fin dedans fa fortereffe:
Là d'une heureufe main bridant la uolupté,
    Me monftra qu'il ne fault quand on eft furmonté
    Faire de l'imparfaict une faincte deeffe.

Ce que i'auoy forgé,ce que i'auoy limé,
    Ce dont ie m'eftoy faict une Idole facree,
    Que i'auois efleué fus la bande d'Afcree,
    Maintenant eft de moy comme rien eftimé:
Ce qu'en mes premiers ans i'ay entre tous aimé,
    Faict mon grand ennemi,ores plus me récree:
    I'ay deffous ce Tyran guarifon rencontree
    Du mal qu'à coups de trets il auoit entamé.
Ie le defpite à laife,& luy trop engourdi
    Delaiffé du fecours qui le rendoit hardi,
    Vaincu f'en ua fuyant:car ie l'ay peu cognoiftre.
La honte le talonne,& neuf de tout efpoir,
    Pour me recompenfer il m'a faict affçauoir,
    « Qu'amour n'eft nö plus gräd que gräd on le ueult eftre.
                                        V.iij.

Souffle dans moy, Seigneur, souffle dedans mon ame
  Vne part seulement de ta saincte grandeur:
  Engraue ton uouloir au rocher de mon cueur,
  Pour asseurer le feu qui mon esprit enflame.
Supporte, Seigneur Dieu, l'imparfaict de ma flame
  Qui deffault trop en moy: Ren toy le seul uainqueur,
  Et de ton grand pouuoir touche, epoinçonne, entame
  Le feu, le cueur, l'esprit de moy ton seruiteur.
Esleue quelquefois mon ame despetree
  Du tombeau de ce corps qui la tient enserree:
  Fay, fay la comparoir deuant ta maiesté:
Autrement ie ne puis, ne uoyant que par songe,
  D'auec la chose uraye esplucher le mensonge,
  Qui se masque aisement du nom de Verité.


Deliure moy, Seigneur, de ceste mer profonde
  Ou ie uogue incertain, tire moy dans ton port:
  Enuironne mon cueur de ton rampart plus fort,
  Et uien me deffendant des soldats de ce monde:
Enuoy' moy ton esprit pour y faire la ronde,
  A fin qu'en pleine nuict on ne me face tort,
  Autrement, Seigneur Dieu, ie uoy ie uoy la mort
  Qui me tire uaincu sur l'oubli de son onde.
Les soldats ennemis qui me donnent l'assault,
  Et qui de mon rampart sont montez au plus hault,
  Ce sont les argumens de mon insuffisance:
La cause du debat, c'est que trop follement
  I'ay uoulu compasser en mon entendement
  Ton estre, ta grandeur & ta Toute-puissance.

Ouille de Cler-mont, mon pays tant aimé,
   Helas ie te laiſſay des ma premiere enfance
   Pour apprendre à Paris la ſource de ſcience
   Ce qu'entre tous eſtats on a plus eſtimé.
Premierement cinq ans i'ay eſté enfermé
   Dans un college, & puis ſortant de l'ignorance,
   Ainſi comme le corps, croiſſoit mon eſperance,
   Dont encontre l'erreur des l'heure ie m'arme.
Qu'ay-ie pour tout-cela? un rompement de teſte,
   Vn diſcours qui touſiours pour me faſcher ſ'appreſte,
   Et eſt par le paſſé le futur prediſant.
Plus heureux l'artiſan, qui de ce ſoin deliure
   Ne ſ'amuſe long temps à fueilleter un liure,
   Et ne ſ'eſmeut ſinon de ce qu'il uoit preſent.


Ce pauure langoureux ne porte ſeulement
   Qu'une peau plaine d'os qui enferme ſon ame,
   Tant il eſt deſciché par l'ardeur de ſa flame,
   Encore uous n'auez pitié de ſon torment.
Il eſt uray qu'il eſt ſot & lourd d'entendement,
   Pour cela touteſſois ie ne ueux qu'on le blaſme:
   Car auecque le temps il apprendra ſa game,
   Et pourra uos beautez chanter plus hautement.
Et encore qu'il aiſt la teſte triboulette,
   Pointue par le hault, la trongne aſſez malfaicte,
   Si eſt-il bien fourni d'un petit de cerueau:
Il eſt de belle taille & gaillard & allegre,
   Se pormenant il ua du pied comme un chat maigre,
   Au demeurant, plaiſant ainſi qu'un ieune ueau.
                              V.iiij.

L'un presché uerité, & l'autre la mensonge,
　L'un deffend son bon droit, l'autre masque le sien,
　L'un est nommé nouueau, & l'autre l'ancien,
　L'un ne ueult rien couper, & l'autre tout allonge:
L'un s'arreste au certain, & l'autre sur le songe,
　L'un s'aduance tousiours, l'autre traine un lien,
　L'un pense estre uainqueur, l'autre n'est sans moyen,
　L'un & l'autre en bon port dans la uague se plonge.
Tous deux se sont promis attaindre un mesme lieu,
　Tous deux pensent uanger la querelle de Dieu,
　Tous deux ont le uouloir enté dans la poictrine.
Mais tout le pis M V R E T, c'est qu'en ce temps pendant,
　Vn chascun est la fin du discord attendant,
　Voguant sans gouuernail en la haute marine.


Ie me ris de ce monde, & n'y trouue que rire,
　Ie le plore, & si rien ne doit estre ploré,
　I'y espere, & si rien ne doit estre esperé,
　Ie uoy tout estre entier, & rien n'est qui n'empire.
I'y repren toute chose, & ny uoy que redire,
　Ie me plains de ce temps, & rien n'est empiré,
　Ie redoute un desastre, & tout est asseuré,
　Ie uoy la paix par tout, & tout boüillonne d'ire.
Ie déplore mes ris, ie me ris de mes pleurs,
　Ie ris mon passe-temps, ie plore mes douleurs,
　Tout me tire à plourer, tout à rire m'excite.
Dont uient cela, M O V R E T ? c'est pourtant que ie ueux
　Entreprendre tout seul les ouurages de deux,
　Ore de Democrite, & ore d'Heraclite.

CHRESTIEN, iusques à quand, iusques à quand sera-ce
　Que l'on empeschera de prendre le butin?
　Verrons-nous donc tousiours ce peuple tant mutin?
　S'enquestera-il tousiours de ce qui le surpasse?
S'il passe plus auant, adieu la mulle grasse,
　Adieu le reuenu du grand siege Auentin,
　Adieu le uentre oisif. & l'antique Latin,
　Il faudra qu'un chascun reprenne la bezasse.
Adieu ce qui nourrit les pauures maquereaux,
　Et ce qui entretient les plus secrets bordeaux,
　Adieu le masque feinct qui les asnes déguise.
Adieu les courtisans qui seruent de laquets
　A un tas d'ocieux, adieu tous les naquets:
　Mais ce pendant, Chrestien, on met tout sur l'Eglise.


ROVSSELET, tout est plein d'un erreur uitieux
　Qui ronge nostre bien, & se paist de nostre ame,
　Ce qu'il ne peult manger est passé par la flâme,
　Tant est plein ce Prothé d'un cueur malicieux:
Il redouble sa rage, & est ambitieux,
　Il cherche le moyen qui bien tost nous affame,
　Encore d'autant croist son entreprise n fame,
　Qu'il se uoit aduoué de Iupin ocieux.
Il ha pour son canon l'esclair & le tonnerre
　Que Iupiter brandit sur les flancs de la terre,
　Et pour ses canonniers mille autres demi-dieux.
Il ha pour ses soldats les hommes qu'il enyure
　Du uenim de sa couppe, & qui ne le ueult suyure,
　S'appreste d'aller ueoir s'il fait meilleur aux cieux.

PATOVILLET,toy qui ſçais le uiure des Romains,
    Et qui as l'air Latin tant experimenté,
    Se peult· on contenir en ſon humanité
    Entre ces Courtiſans,qui ne ſont plus humains?
Entre ces Courtiſans,qui deſia ſont tout pleins
    D'eſprit,ᵹ qui n'ont plus ſinon que ſainɛ̃eté,
    Dy moy,mon Patouillet,ſi leur grand' deité
    Nous peult bien transformer ꝛ hommes en demi-ſainɛts.
Tu me hauſſes la teſte,ᵹ ie penſoy' que Romme
    Fuſt le commencement du paradis de l'homme:
    Mais comme ie puis uoir,i'ay bien eſté trompé.
Ha!ie ne ueux donc plus deſormais qu'on procure
    De m'y faire courir,quand Patouillet m'aſſeure
    Que celuy eſt heureux qui en eſt eſchappé.


Tout paſſe par leurs mains,rien ne ſe ſait ſans eux,
    Ils ont ſur le Royaume une pleine puiſſance,
    On ſouſtient qu'il leur fault porter obeiſſance:
    Car on les a eſleus plus ſages ᵹ plus uieux.
Mais ſ'il eſt queſtion d'un de ces Demi-dieux,
    Sous ombre de l'appaſt d'une folle eſperance,
    Ils font tout,ᵹ fuſt-il contraire à l'ordonnance,
    Tant on craint auiourdhuy de leur eſtre odieux.
Et cependant le peuple eſt pareil à la balle,
    Qui iamais n'ha repos:ᵹ puis rouge,ᵹ puis palle,
    Ainſi qu'il eſt pouſſé par le muable uent.
On ſ'en ioue,on le pille,on l'endort,on le lie,
    Sans crainte de celuy qui cognoiſt leur follie,
    Et qui les punira au iour du iugement.

Pauure homme, tu baſtis ces chaſteaux ſomptueux,
Les eſleuant au Ciel, & tu demeure' en terre,
Tu fouille' à grand trauail le metail & la pierre,
Et tu deurois baſtir ta demeurance aux Cieux.
Tu deſrobes le bien des pauures ſouffreteux,
Tu rongnes finement les forces de la guerre,
Pour eſleuer des tours à l'obiect du tonnerre,
Tu te damnes, à fin d'enrichir tes neueux.
O eſtrange malheur, naiſſant auec les hommes,
Nous congnoiſſons aſſez qu'immortels nous ne ſommes:
Mais nous aimons bien mieux rendre un nom immortel,
Enrichir les parens d'une impudique femme,
Faire Eueſque un ſoldat, & dégrader noſtre ame,
Qui ſa main ſacrilege a plongé ſur l'autel.


Nous confeſſons aſſez qu'un chacun en abuſe,
Mais pour le confeſſer (uoire aſſez froidement)
Nous n'y auons point ueu encor d'amendement,
Ains on uſe touſiours d'une pareille excuſe.
Sera-ce donc aſſez de confeſſer la ruſe,
Sans en uoir ſuyure apres un meilleur changement?
S'il ſuffit, RAVENEL, ie ueux des maintenant
Taſcher de proffiter, puiſqu'ainſi on en uſe.
Mais ie croy que le Ciel ne receura iamais
Proffit pour excuſer nos crimes & meſfaicts,
Ny de bien uiure apres une ſotte promeſſe:
Car cil qui par uicaire aura faict ſon deuoir,
Par un uicaire auſſi Paradis ira uoir,
Et perſonnellement les lieux de toute angoiſſe.

Rien ne meurt fous le Ciel,tout eft toufiours en eftre
  Ainfi que de tout temps,mefme ce changement
  Qu'on appelle en commun la Mort,n'eft feulement
  Qu'un moment qui nous fait une autre fois renaiftre.
Ce moment que ie dy,d'un homme nous fait eftre
  (Efchangeant noftre corps)d'un arbre l'aliment,
  Ceft arbre porte un fruict,qui fert pareillement
  Pour faire la femence en un autre homme croiftre.
Puis de cefte femence un homme en eft produit,
  Et ainfi nous uoyons comme tout s'entrefuit,
  Non autrement, B V T T E T , que les temps de l'annee.
Ne t'efbahy donc point,fi entre les François
  Nous auons ueu la guerre & la paix autresfois,
  Puis la guerre ciuile encore retournee.


O mêlange du monde ! ô mondaine inconftance!
  O monde,mais immonde ! ô grand tout,mais un rien!
  O le monde nouueau ! ô le monde ancien!
  O tous deux parangons de certaine impuiffance!
Que tiens-tu dedans toy qui tienne une conftance,
  Sinon ceft element, qui ha moins de moyen
  De garder entre tous l'accouftumé maintien,
  Et qui femble de foy faire moins refiftance?
Troye le grand tombeau de la Grece feconde,
  Et Romme la tremeur du demeurant du monde,
  D'eux-mefmes ont efté en la fin le tombeau.
Le Xante eft demouré,le Tybre coule encore:
  Voyla pourquoy,B O R D A T ,maintenant ie déplore
  Ce monde,ne uoyant qu'affeurance dans l'eau.

O uous gentils esprits, dont les douces reliques
  Ont coulé librement iusqu'en ces derniers ans:
Vous esprits, qui rendez plus heureux mon printemps,
  Soigneusement nourri en uos chans poetiques:
Esprits qui m'apprenez les sciences antiques,
  Et qui auez cent fois rendu les miens contens,
  C'est de uous dont i'ay pris ces plus rares presens,
  Que i'élance hardiment parmi nos Republiques:
De uous ie les ay pris, & à uous ie les doy,
  Aussi uoyez-uous bien, que le plus grand esmoy
  Que i'ay, c'est de me uoir un iour de uostre bande:
Mais ie me deulx d'un poinct, que n'estes tous icy
  Pour plaindre auecque moy mon mal & mon souci,
  Et d'escrire une part du mal qui me commande.


Que ne suis-ie eschangé en une source claire
  Distillant à iamais un grand ruisseaux de pleurs,
  Pour tant d'impietez, de meurtres, de malheurs,
  Qui à tousiours plourer ne me font rien qu'attraire?
Nature me deuoit au costé gauche faire
  Vne ratte engroßie, & de doubles largeurs,
  Pour rire incessamment les bouillantes fureurs
  De ceux-là qui tant bien se sçauent contrefaire.
Ie uoy iournellement un grand sot ignorant,
  Tout uieil & tout cassé, aux grandeurs aspirant,
  Et discourir tout seul de l'ordre de l'Eglise:
Reprendre un gouuerneur, predire asseurément
  Par la sedition le subit changement,
  Et ne ueult toutesfois que ie Gelodacryse.

Ces beaux cheueux crespez, qu'en mille & mille sortes
    Tu trousses brauement sur le hault de ton front,
    Dedans uingt ou trente ans au monde ne seront,
    Mais auec le corail de tes deux leures mortes:
Ces deux mons cailletez, ces deux fraises retortes,
    Ces deux bras potelez, & ces beaux doigts mourron t,
    Seulement au cercueil les cendres demourront
    Encloses pesamment dessous les pierres fortes.
Et puis pour tout cela tu te fais adorer,
    Tu fais plaindre, gemir, plorer, desesperer,
    Puis mourir, puis reuiure un amant en martire.
Vses en ce pendant, F R A N C O I S E, que le temps
    T'en donne le loisir: car tous ces poursuyuans
    En la fin comme moy ne s'en feront que rire.


Ie me fasche de uoir un sot, un ignorant
    Se bastir au cerueau l'entiere cognoissance
    Des arts, & lon cognoist sa grande insuffisance,
    Dont il fait ample preuue, ou chacun ua courant.
Et pour ce beau chef-d'œuure, ore il est esperant
    La faueur, le plaisir, l'honneur en recompense,
    Et qu'on le monstre au doigt: & qui plus est, il pense
    Acquerir un amour ou il est aspirant.
Ie me play toutesfois, contemplant son martire,
    Et suis content d'auoir matiere pour me rire,
    Quand ie le uoy changé & d'habits & de nom.
Qui plus est, de badault (comme si fut miracle)
    Il s'est faict à l'instant & beste & maniacle,
    Opposant son amour à celuy de Cimon.

Que me sert-il, N O Y O N, de uiure plus long temps,
Puisque rien ne me plaist, & que rien ie n'espere?
Noyon, que me sert-il de passer en misere,
En souspirs, & en pleurs mon desiré printemps?
Plus heureux i'eusse esté, si auec mes parens,
Content du peu de bien amassé par mon pere,
Content de la doctrine apprise de ma mere,
I'eusse attendu le iour qui bornera mes ans:
I'eusse tousiours uescu au pied de ma montaigne,
Sans faire ainsi qu'on dit des chasteaux en Espaigne,
Ou discourir des meurs, des peuples, des courroux:
Ie n'eusse en mon cerueau conceu ce monstre estrange,
Ny ce long pensement qui iamais ne se change,
Et dont ie suis contraint d'auorter tous les coups.


I'amasse quelquefois dedans mon pensement
Tous ces cercles roulans, qui embrassent le monde,
I'y amasse le feu, l'air, la terre auec l'onde,
Pour rechercher l'autheur de leur commencement:
Là dedans ie retire un cinquieme element,
Qui iette la semence en la terre feconde,
Et qui du plus profond de sa grand arche ronde
Fait mouuoir les saisons auec son mouuement.
Lors que ie pense auoir trouué une partie
Des causes de ce monde & de l'humaine uie,
Ie n'en retire rien qu'un chaos plus souuent.
Voyla de quoy me sert la lecture assidue
D'Aristote, ou Platon, ou plus souuent ie sue,
Puis ie me refroidis sage comme deuant.

BAYF, i'ay beau crier & me rompre la teste,
  Ie uoy bien que pour moy Iupin n'en fera rien,
  Il aime trop son ciel, il aime trop son bien,
  Il se plaist trop au son de son fouldre & tempeste:
Mais c'est bien au rebours, ie le uoy qui s'appreste
  A nous uouloir tromper d'un ris sardonien,
  Il scait dißimuler comme un Italien,
  Et puis tout-en-un-coup nous luy uerrons la creste:
Ie le uoy s'accoster de la force de Mars,
  Il prent auecque soy les demi-dieux bastars,
  Et scay bien fermement qu'il se ueult faire croire:
Mais tout au pis aller, i'ay recours en un poinct,
  C'est que dedans son camp on ne s'accorde poinct,
  Et pense que Saturne aura un iour uictoire.


Dont uient que d'autant plus que l'on s'attache à eux,
  Ils redoublent d'autant leur ancienne ruse?
  S'ils sont attaincts au uif, ils usent d'une excuse,
  Et pensent abuser les hommes & les dieux.
Vn de leur faction est tant malicieux,
  Qu'ores qu'il sache tout, si est-ce qu'il refuse
  Le dire pleinement, tant ce Prothé s'amuse
  A ces biens terriens qui luy creuent les yeux.
Ce qu'il en fait, DESNEVX, est affin que l'on die
  Qu'il est le principal de ceste Tragedie,
  Et qu'il ha pour les deux un tressubtil cerueau.
Il scait asseurément iouer son personnage:
  Mais s'il estoit un coup enfermé dans la cage,
  D'autant qu'il scait taser, d'autant il seroit ueau.

Trop

Trop heureux nous fußions fans cefte befte eftrange,
    Qui l'homme accompagna des le commencement,
    Et comme le fleau dont on bat le fourment
    Indifcrette toufiours deffus l'homme fe uange.
Sans elle, mon P A S C H A L, l'homme feroit un Ange,
    L'homme feroit parfaict de corps, d'entendement,
    Mais à fon deshonneur ell' luy fert de torment
    Quant à fon appetit elle en fait un efchange.
Alors qu'il penfe faire à fon aife un difcours,
    Ou que dans fon cerueau rememorant fes iours
    Il repare fon bien de fage pouruoyance,
C'eft à l'heure qu'il fent fes plus cruels efforts
    Martirer à grands coups fon efprit & fon corps,
    Tant la femme fur luy a gaigné de puiffance.


Ces Pedantes, T A L O N, qui defia tous grifars
    De barbe & de cheueux, mais ieunes de fcience,
    Se uont uantant par tout d'une fotte eloquence,
    Et dont par les carfours on uoit les noms effars,
Penfent eftre tous feuls interpretes des ars,
    Sous ombre d'un Ergo, dont ils font apparence,
    Et maigres de fçauoir, enflez d'outrecuidance,
    Veulent eftre efcoutez & crains en toutes pars.
Quand ainfi ie les uoy efcrier & debatre,
    Il me fouuient toufiours de uoir fur un theatre
    Vn feigneur déguifé parlant à fon uarlet,
Et fier & orgueilleux commander un affaire,
    Puis fe tournant ailleurs tout-en-un-coup fe taire,
    Quand il eft paruenu au bout de fon roulet.
                                   X.i.

F E V R E, ces demi-dieux qui n'ont autre penſer,
    Sinon que d'amaſſer les montagnes enſemble,
    Veulent contre le ciel, ainſi comme il me ſemble,
    Comme les fiers Geans un eſcadron dreſſer:
Ils ueulent Iupiter & tous les dieux chaſſer,
    Voyans que ſoubs leur main deſia le monde tremble
    Et qu'un camp coniuré à leur ſoulde ſ'aſſemble,
    Aimant mieux le grand Dieu que leur faueur laiſſer.
Le canon eſt braqué, la breſche eſt ſuffiſante,
    Lon parle de l'aſſault, le ſoldat ia ſe uante
    De gaigner le rampart, d'entrer du premier ſault:
Mais ie uoy ce grand Dieu qui dedans ſa main forte
    Tient un fouldre uangeur, ardant en telle ſorte
    Qu'il tuera ces Geans àes le premier aſſault.


Si pour auoir perdu ton credit ancien,
    Et penſer eſtoufer le bruit d'une ieuneſſe,
    Si pour deſeſperer au pied de ta uieilleſſe,
    Et forcer les ſecrets du ſainčt Dieu Délien:
Si pour penſer en uain eſtraindre d'un lien
    Le louable deſſein de ma ieune allegreſſe,
    Si pour promettre trop, & faillir de promeſſe,
    Si pour porter au front le ſort Idalien:
Si pour auoir changé un habit pedanteſque,
    Contrefaiſant les pas d'une troupe Tudeſque,
    Tu reuiens au meſtier n'ayant rien prouffité:
N'entrepren ceſormais d'une langue enuieuſe
    A meſdire de moy: car moins eſt dangereuſe
    La main d'un ennemi tant de fois ſurmonté.

Quiconque leuera la teste enuers les cieux,
  Marquant les gouuerneurs de ceste terre baſſe,
  Ainſi que chaſcun d’eux la nourrit ⁊ l’embraſſe,
  Et la ua regardant d’un bel œil radieux:
Et puis ſe rabaiſſant ſur ces terreſtres lieux
  Reuiendra contempler la terre, iamais laſſe
  De porter en ſaiſon, ⁊ de monſtrer ſa face
  Belle ⁊ reuerdiſſante au printemps gracieux:
Celuy-la (dy-ie) il fault, il fault bien qu’il confeſſe
  Qu’un plus puiſſant regit ceſte gemmeuſe preſſe
  De flambeaux attachez ⁊ de flambeaux errans:
Il fault auſſi nier la choſe fortuite,
  Et confeſſer que Dieu eſt la ſeule conduite
  Qu’une terre feconde apporte tous les ans.


Pauure eſcolier latin, que tu es malheureux,
  Tu auances tes iours au froid ⁊ à la pluye,
  Tu auances ta mort pour allonger la uie
  A celuy qui ſera de toy moins curieux.
Encor as-tu, pauuret, les languars ſoucieux
  Entre tes maux plus grands, ⁊ obiect de l’enuie,
  Content en ton malheur touſiours tu eſtudie’,
  Compenſant ton labeur par un ſoing ſtudieux.
En ce pendant on uoit par la deſpouille tienne
  Diſcourir un bragard ſur la langue ancienne,
  Dont il a deſrobé le plus riche butin:
Tu acheptes tes maux, ⁊ il uend l’apparence,
  Il uit en grand plaiſir, tu te leues matin
  Pour ſeruir au public, dont il ha recompence.
X. ij.

Que sert-il plus long temps dissimuler un bien,
　Si le dissimuler luy est du tout contraire?
　Si le parler est bon, que sert-il de se taire?
　Que sert-il de parler, si parler ne uault rien?
Si c'est la uerité, en uain ie la detien,
　Et si c'est la mensonge, en uain ie le ueux faire
　Apparoistre au dessus, pour au monde complaire,
　Sous ombre seulement du public entretien.
　« Ce qui est bon de soy, mauuais ne sçauroit estre,
　　« Et ce qui est mauuais, mauuais se fait cognoistre,
　　« Or' qu'il soit déguisé du nom de uerité.
　C'est donc en uain, RONSARD, que ceci l'on deteste:
　　Car si nous apparoist qu'il est du tout celeste,
　　Croyons qu'il durera à perpetuité.

# SVR LA NAISSANCE DE
## Typosine deesse tutelaire de l'Imprimerie.

LE troupeau des neuf Seurs, l'antique honneur de Grece,
　Ayant pour Capitaine un Prince Delien,
　Delaissa quelquefois son seiour ancien
　Pour uenir courtizer la Françoise ieunesse:
Là preste se trouua la Guerriere deesse,
　Sortie du cerueau du grand Olimpien,
　Qui pour n'auoir senti l'erreur Idalien,
　Libre de passions suit sa chaste allegresse:
Nostre France les ueit assises en un rond,
　Ou d'un passe Oliuier elles couuroyent le frond
　De celle qui deuoit combatre l'Ignorance:
Ainsi fut des François ce beau don apperceu,
　Nourri & ennobli, couronné & receu,
　Des Muses, de Pallas, de l'Oliue & de France.

### A Anthoine Bertrand, excellent Muſicien.

S'Il nous eſtoit permis de nier quelque choſe
Des eſcripts des premiers, & de penſer comme eux,
Et rechercher encor' d'un eſprit curieux
La nature de l'ame en noſtre corps encloſe:
Ie nieroy uolontiers une metempſychoſe,
Ie penſeroy pluſtoſt le ſon harmonieux
Eſtre l'ame du monde, & le parfaiĉt des cieux
N'eſtre rien qu'un accord qui l'uniuers diſpoſe:
I'adiouſteroy B E R T R A N D, que tu as eſté né
Et aux François heureux bien-heureux deſtiné
Pour donner à leurs uers l'ame de ta muſique,
Et pour donner encor aux plus parfaiĉts accords,
Qui touſiours parauant eſtoyent demeurez morts,
Le preſent plus parfaiĉt de l'ame poëtique.

### A Iaques Salomon.

A Inſi qu'on uoit ſouuent ſur le printemps nouueau
Vn roſier ſe charger de mille fleurs eſcloſes,
Puis auſſi toſt perir qu'elles eſtoyent deſcloſes,
Si le uent de la Bize enſuit une grand' eau:
Mais quand le doux regard d'un aultre iour plus beau
Le reuient careſſer, lors ſes uertus encloſes
Repouſſent derechef deux ou trois belles roſes,
Le plus cher ornement de ce ieune rameau.
Ainſi a noſtre France enceinĉte d'une gloire
Taſché de conſacrer à la longue memoire
Mille eſcriuains nouueaux dont elle a auorté:
Mais ores que le ciel luy eſt plus fauorable,
Elle t'a eſleué comme un fruiĉt deſirable,
Pour ſeruir d'ornement à la poſterité.

X.iij.

## EPITAPHE DE FRANCOIS DE BOVRBON, LE PERE:

François de Bourbon, le fils: & Iean de Bourbon, Seigneur d'Anguyen: tous trois enseuelis
en mesme tombeau.

LA Pieté, l'Amour, & le Iuste-deuoir
Feirent le bastiment de ceste sepulture,
Ou, passant, enfermez dessous mesme closture
Vn Pere, un Gendre, un Fils, on peult aisement uoir.
L'Amour de la patrie aux deux feit conceuoir
Vn magnanime cueur, pour uengeant une iniure
Mourir sous le harnois, & l'iniuste nature
Feit au fils trop subit la mort apperceuoir.
Et puis la Pieté de la Mere & la Femme
Feit mettre sainctement sous une mesme lame
Pour memoire à iamais leurs cendres & leurs os:
Mais le Iuste-deuoir, au lieu de leur presence,
Delaissa la priere, & les pleurs, & sanglots
A la Mere, à l'Espouse, & à toute la France.

## EPITAPHE DE IOACHIM DV BELLAY.

ICy sous ceste tombe close,
Passant, enserré ie repose
Auec les autres trespassez:
Moy (dy-ie) issu de noble race,
Et d'une maison, dont la grace
Fait que mon nom se monstre assez.
Ie suis Du Bellay, & Poëte:
Tu has cognoissance parfaicte,

Comme ie pense, de mon nom:
Ces uers que ie donne à la France
Te donneront ferme asseurance
Si ie suis bon Poëte ou non.

    Or tant seulement ie desire,
Que de moy ie te puisse dire
Que i'ay esté deuotieux,
Et que d'une bouche animee
Ie n'ay touché la renommee
De ceux qui ont aimé les Cieux.

    Aussi si la foy Chrestienne
Te touche au cuèur, qu'il te souuienne
De n'empescher mon doux repos:
Garde qu'une langue menteuse
N'offence ceste gloire heureuse
Compagne à mon ame & mes os.

## DV MESME, DV LATIN DE
## R. DE LA HAYE, CONSEILLER
### DV ROY.

CY dessous est gisant du Bellay le Poëte
Cogneu par tout le monde. Or entens, Viateur,
La cause trop subite & le nouueau malheur
Qu'en son sein luy gardoit une mort indiscrete:

Desia la nuiĉt couuoit sous un obscur silence
Le doucereux repos de ce grand uniuers,
Et cependant le miel de ses plus doĉtes uers
Distilloit de sa bouche auec une accordance:

Ce pendant attentif, ainsi que de coustume,
Du deuis des neuf Seurs heureux il iouïssoit,

Et du pere Apollon, que tant il careſſoit,
Pour en auoir receu le ſtyle de ſa plume.

Il ſe ſentit raui d'une fureur ſacree,
Attiré ſainctement de leurs diuins efforts,
Qui luy feirent laiſſer le uague de ſon corps,
Pour uoler au ſainct lieu de l'immortelle Aſtree:

Ou ſon ame affranchie & libre du ſeruage
De ſon hoſte, ſentit ſes æſles eſbranler
Entre les deitez qu'ell' contemploit en l'ær,
Oubliant le chemin de ſon premier uoyage.

Là contemploit errante en la haulte campagne
Tous les diuers païs que lors ell' pouuoit uoir,
Appeloit DV-BELLAY, à fin de l'eſmouuoir:
Mais le Poëte ſourd n'entendit ſa compagne.

Et ainſi, Viateur, ceſte ame deſireuſe
Demoura dans le Ciel, & ſeulement les os
Sous ce marbre engourdi demeurent en repos,
Attendans le retour de l'Ame bienheureuſe.

# A ROBERT ESTIENNE,

## O D E.

Ainſi qu'au plus hault des Cieux
    Dedans la noire courtine,
On uoit entre mille feux
La Diane qui chemine:
Ores d'un plus braue front
Heriſſant encontre-mont
Vne luiſante criniere,
Qu'on uoid croiſſant ſa lueur
D'une naiſſante rondeur
Reprendre la forme entiere.

    Ou comme quand le Soleil
Raieuniſſant les prairies
Au rais de ſon teint uermeil
Iette ça bas mille uies,
Ores dans le corps troublé
D'un cheſne ou d'un grain de blé,
Or' dans la uigne tortue:
Or' des Lions, des Taureaux
Et de tous les animaux
Il rend la ſemence eſmeüe:
    Il ne iette toutesfois
Tout-en-un-coup ſa puiſſance,
Mais ore aux prez, ore aux bois
Il redonne la naiſſance.
En Mars il tire les fleurs,
Et en Auril ſes couleurs
Parmi les champs il eſtale,
Et puis en May uerdoyant,

Il ua du tout desployant
Sa grande main liberale.

Ainsi aux siecles derniers
Entre nous uint apparoistre
La Muse, qui aux premiers
Onques ne se feit cognoistre:
Elle uint premierement
Décelant tant seulement
Sa face encore troublee,
Puis (ainsi comme le Tems
Donne tout auec les ans)
Sa beauté fut redoublee.

Maintenant que nous uoyons
Les sciences prendre uie,
Ainsi qu'aux uertes saisons
L'herbe dedans la prairie,
La nourrice de sçauoir
Décelle tout son peuuoir,
Et tant a creu son courage,
Qu'elle a uoulu nous monstrer
Les lieux, ou ne peult entrer
Tout l'orgueil du premier aage.

Aussi Typosine estoit
Comme un present en reserue,
Qui dans Parnasse restoit
Pour racheter une serue,
Qui sous un Tyran cruel
Cachoit son nom immortel:
Et uefue de toute gloire,
Ne luy demouroit sinon,
Pour tous labeurs, que le nom

De pauure & ſerue Memoire.
    Ores de tout ceſt eſmoy
Au beau iour l'a retiree
Typoſine, qui chez toy
Demeure plus aſſeuree:
Car plus qu'en tout autre endroict
Tu uas maintenant ſon droict,
Et quaſi de ligne en ligne
Tu augmantes ſa grandeur,
Tout ainſi qu'un laboureur
Va prouignant une uigne.
    Entretien-la donc touſiours,
Et ſeur de telle compagne,
Va ſuyuant ceſt heureux cours
Que dans la belle campagne
Les neuf Muſes t'ont traſſé,
Et ou tu es aduancé:
Entretien-la donc, ESTIENNE,
Iouiſſant du don exquis
Que ton pere t'a acquis,
A fin que tu le maintienne.
    Eſtienne, ſi tu le fais,
Puiſſe l'immortelle Oliue
T'ombrager à tout iamais,
A fin que ton renom uiue,
Comme malgré l'enuieux
Vit celuy de tes ayeux:
Puiſſe-tu auſſi, deliure
D'ennemis & de malheurs,
Enuoyer aux ſucceſſeurs
Mon renom dedans un liure.

# EN FAVEVR DE L'OLIVE.

Comme on uoit plus souuent un nauire agité
Entre mille rochers de la mer abboyante,
Qui redoublant sa rage auecque la tourmante
Rend le pauure nocher ia presque surmonté:

Ainsi la pasle Oliue a quelque temps esté
Delaissee au hasard d'une orage inconstante,
Mais ore reprenant le bien qui se presente,
Comme un nauire au port, se met à seureté.

Bien est uray que le tronc despoüillé de fueillage
Demoura presque sec: Mais ainsi qu'auec l'aage
Toutes choses en soy prennent perfection,

Ainsi ceste accroissance au tronc plus tost rauie,
En nouueaux reiectons reprend nouuelle uie,
Qui ne sera subiecte au nouueau tourbillon.

# TRADVCTIONS
## DE QVELQVES SO-
NETS, ET AVTRES OPVSCV-
les de I. Greuin , par I. d'Aurat
& Florent Chreſtien.

*Amour depuis deux ans ſ'eſt deſrobé des Cieux.*
*Du II. de l'Olimpe, page 235.*

### I.   AVRATVS.

ANnus ab hinc alter, cùm cælo diiſque reliĉtis
   In terras venit quò faber eſſet Amor.
Non illi ars placuit, placuit cruciare per artem
   Hanc ſibi me, fornax faĉtus & eius ego.
Vtitur ille meis, quò flammas mulceat, imbre
   Ex oculis, gemitus at vice follis habet.
Venæ ſunt illi carbones, eſt iecur incus,
   Spicula mille graui qua lita tabe quatit.
Nec modus aut requies, ſed ſenſus mentis ibidem
   Vſque ſonum lima non faciente terit.
Vſque ibi præteritas ærumnas expolit, vſque
   Venturas aptat credulitate leui.
Quódque magis durũ eſt, Aurate, rudis faber ille
   Noſtra rudimentum peĉtora ſubter agit.
Et quodcunque ſua peccauit in arte fabrili,
   Non ſua peccanti, ſed mihi culpa nocet.

# LE MESME EN GREC PAR
## Florent Chrestien.

Ἄστρα θεοῖς τε λιπὼν μετ' διχθαδίοις λυκάβαντας,
   Ὡς αὖ ἔοι τίκτων, ἵκετ γαῖαν ἔρως.
Οὐδὲ πυείβλητος κείνῳ τόσον δι' ἀδὲ τέχνη
   Ὅσον ἐμὲ τρύχιν ἧς διὰ προσσύνης.
Κα δ' ὃν ἐμῇ χόανον κραδίηφι πυείπνοον ἷσε,
   Ἐργοπόνου θώκῳ ἱμερόεντι τέχνης.
Ἡμετέροις ὀρδὴ πῖν φλόγας ἐχαρεῶνος
   Ὑελίοις δακρύοις, ὄμμασι χρησάμενος.
Πυκνὰς ὃ στναχὰς πύχ φυσήπορας ἀσκοῖς,
   Καὶ φλέβες οἱ, ὥσπερ ἄνθρακες, εἰσὶν ἐμαί.
Ἧπαρ ἐμὸν δ' ἄκμον πέλει, ἧχι βέλεμνα πταινων
   Μυελία τωλεμέως φαρμακόεντα κάμε.
Ἔνθα δ' ἐμοὶ κωφῷ ἀπαλὰς φρένας ἔξεσι ρινῇ,
   Θελγόμενος προτιερς ἐπίδι μεῦ ὀδύνας,
Ἐσορμένας δὲ κεναῖς πάλι προσδοκίησι προσάψας·
   Καί, τόχι τῆς πάντων ἐς οἰζυρότερον,
Κεῖνος ὁ νηπίαχος, κακομήχανος, Αὖ ερᾷ τι, τίκτων,
   Πῇ ερ ἐν ἡμετέρῳ σώματι προσσύνης
Νῦν προστίω ποίησε, καὶ ὅτ' ἵκεν αὐτὸς ἀμφ τῶν
   Τεχῶται, μοιώῳ φεῦ! αὐηρὸν ἐμοί.

*Mon nauire s'en ua tout chargé d'oubliance, page 225.*

### FL. CHRISTIANVS.

QVà mare præruptú, nauis mea fertur in æquor
Per Syrtes scopulos, per Scyllā perq; Charybdi
Dum fera sæuit hyems, dumq; intépesta silet nox,
Sed non hæc merces, sed longa obliuia portat.

Ipse gubernaclum noster regit hostis in vndis,
Curæ agitant remos, nec sæua pericula curant:
Carbasa ventus agit stridens, & prælia miscet
Spe, desiderio, & plorantibus humidus auris:
AErum nosa vagum nubes, lachrymosus & imber
Laxarunt velum, & madidantes turbine funes,
Quos Error malus, & cæca Ignorantia neuit.
Nec mihi Ledæi fratres, bona sydera nautis
Apparent, ars & ratio tenuêre profundum,
Prorsus vt optatum nequeam cõtingere portum.


## IDEM GRAECE AB EODEM.

Ὁλκὰς ἐμὴ βηχθὰν ἀϊὰ σπεύδουσα θάλασσαν
Χειμεριναῖς ὥραις, καὶ τυφλῆς νυκτὸς ἀμολγῷ,
Χοιράδας ἐς πέτρας, καὶ Σύρτεις κυματοπλῆγας
Μεσσηγὺ Σκύλλης καὶ μέσσα Χαρύβδιος ὅτι.
Ληθοσύνων δὲ γέμει στροφὰ δ' ἐμὸς ἐχθρὸς ἀήτης
Πηδάλιον, καὶ φρονὰς ἀταρβὴς ἤνυσεν αὐτῷ
Εἰρεσίην, κρωπῆ δ' ἑκάστη κύματ' ἐλαύνει,
Λαίλαπας οὐ βρομέουσα, θέλουσα δὲ πτῆμον ὁπισσεῖν
Οὐ παύει δ' ὀθόνησι μάχεσθαι ὑχὸς ἀήτης,
Ἔμπλεος ὦντε πόθῳ, καὶ ῥιπίδι, καὶ στοναχῆσι.
Δακρυόεις ὄμβρος, καὶ δυσλυχῶν νέφος, ἄμφω
Λαίφεα πρυμνούχοις τε καλῶς βρέξαντες ἴυπαν,
Οἷς δ' ὄζος Τυφλότης, ἀμαθὴς τε Πλάνη ποτ' ὕφαινον
Οὐδὲ φίλον φαίνουσιν ἐμοὶ σέλας ἀστέρες ἄμφω
Ληδεῖοι, νοῦς δ' ἀν ῥοθίοις τεχνῆτε πλανᾶται,
Οὐδέ πη ὅσιν ἐμοὶ σταθερόν ποτε ὅρμον ἱκέσθαι.

*Voyez Amants, uoyez combien grande est ma peine.*
*Du 1. de l'Olimpe, page 65.*

### FL. CHRISTIANVS.

VIdete quantis torqueor laboribus,
  Videte Amantes, quæso, quæso cernite,
Quanti dolorum torqueant me vortices:
Sic pereo, qualis illitus cruoribus
Exarsit atris æstuosus Hercules:
Sic perimor, ignibus, sed, heu! grauioribus.
Periit venenis Hercules efficacibus,
Quîs Iolen vlta est Deianira pellicem.
At ipse feruidis miser perimor aquis,
Heu non cruore, sed fontis liquoribus
Quantùm nec arsit Hercules crudeliùs.
Fons ille nostras occupauit lachrymas,
Vndæ'que nostris æstuant in lachrymis,
Iam sæuus ipsis ardor insidet oculis,
Et miserè iniquis me populat cruciatibus.
Sic vnda nomen quæ meæ Superbulæ
Habet puellæ, sæuæ inquam & superbulæ,
Si quando refugos tarda cursus comprimit,
Recens origo portuoso littore
Erit æstuantium perenniter ignium.

*Tu as delaißé Cypre, ô fiere Idalienne, page* 70.

### FL. CHRISTIANVS.

O quæ beatam Diua tenes Paphon
Golgósque, mater sæua Cupidinum,
  Iam deseris Cyprum, locúmque
  In mea pectora transtulisti.

                                      In

In vulneratum tota ruens venis
Regina pe&us, scilicet vt meum,
　　Heu vulnus antiquum adgrauescens,
　　Amplifices positos dolores.
Mox annuá cùm multus amans die
Tua inuocabit numina, festáque
　　Cùm vota soluet, & suëtis
　　Muneribus tua sacra sparget,
Hæc sacra pe&us excipiet meum,
Quod cùm cadendis plenum erit hostiis,
　　Vertetur illicò vstulatum
　　In cineres tenu´mque fumum.
Iam semper ex quo mecum habitas, iecur
Ardere nostrum cœpit, & omnia
　　Populare sæuus ignis ossa,
　　Et color inficere ora flauus.
Vt ipse, corpus iam facilè integrum
Absumat ignis, flammáve victimæ
　　Ab Olimpia tibi sacrandæ,
　　Quando tibi sua vota soluet.


　　　　*Penses-tu doncques mauuaise, &c.*
　　　　*Du II. de l'Olimpe, page 246.*

　　　F L.   C H R I S T I A N V S.

P Vtás ne delicatula,
　Putas inermi halio
Sedare posse sentibus
Flammas repostas intimis?
Non qualis atris Africus
Creber procellis, sæpius
Desæuiit, per aëra

　　　　　　　　　　　　Y.j.

Si fortè mater imbrium
Paruo fathiscens pondere
Repente nubes ingruit,
Sic flamma sedatur mea:
Sed qualis ignis paruulis
Sensim irrigatur stillulis,
Vt acris ardor scilicet
Exæstuet furiosius.
Vt possit ergo extinguier,
Largire prodiga basia,
Mihíque longa diuide,
Da centies suauia,
Suauiare millibus
Me basiationibus,
Sed qualibus venustulę
Alterna motu garrulo
Rostra inserunt columbulę,
Dulcémque florem spiritus
Sugunt, resugunt, hauriunt,
Et concitatos impetus
Vicissim amoris excitant.
Eheu pauens puellula!
Eheu fugax puellula!
Sic intremis, sic aufugis
Quasi imminere Mulciber
Truci timendus lumine,
Horrenda nimbis fulgura
Nostro minetur vertici.

*Pucelle qui tiens mon cueur,*   *page 255.*

### FL. CHRISTIANVS.

O Quæ me mihi furripis
Virgo plena proteruiç,
Virgo flore fuauior,
    Suaui flore rofarum,
Quem decorum inhiantibus
Ver producit honoribus.
Tu qualis laticis tener
    Cæleftis liquor ille,
Quem vel rofida lilia,
Vel fub purpureum diem
Manè grata apibus thyma
    Diftillare videntur,
Cùm Sol Oceano nouus
Cœpit exoriens, diem
Pulfis lumine nubilis
    Aureo decorare.
Cernis chara puellula,
Hic qui purpureus prius
Flos nitebat, vt illicò
    Sole tactus iniquo
Prato decolor accubet?
Sic tu, pòft vbi florida
Fluxerint tibi tempora
    Poft annos inueniles,
Olim triftis anilitas
Læti nefcia gaudij,
Atque incana morofitas
    Oppriment inopinam.

Y.ij.

Heu! tum candidus hic color
Qui membris nitet in tuis,
Et lætus manuum decor
　　Totus, virgo, peribit.
Et quæ rubra corallia
Iam decentibus insident
Labris, effluet: & nitor
　　Omnis, formáque rugis
Indecenter arabitur:
Qualis veris initio
Sulcat suppositum solum
　　Curui vomer aratri.
Non tunc hanc videas comam
Quam nunc millibus vndique
Nodis, ceu spolia, implicas,
　　Non flauos quoque crines:
Tunc & pulcher honos tuæ
Sulcis frontis arabitur,
Turpabítque tibi genas
　　Multa ruga seniles,
Heu! non mollibus amplius
Apta nequitiis, cohors
Sed qu im spumigenæ deæ
　　Spretam transuolet omnis.
Ac sinus gemini tibi
Qui nunc colliculis tumens
Lacte protuberat nouo,
　　Gemmeísque lapillis,
Acclinis lateri tuo,
Emarcescet inaniter:
Rarus & tua limina
　　Obsidebit amator.

Raræ blandities precum,
Et ludentia nequiter
Circum carmina te strepent
    Lachrymosáque verba.
Sed tunc orba tuis bonis
Tótque deliciis eris:
Pernoctabis & insolens
    Solo frigida lecto.
Ergo donec amoribus
Nostri dulcibus incubant
Anni, vérque suum vident,
    Donec allicit ætas
Ad suaues querimonias,
Donec blanditiæ leues
Inuitant bona pectora,
    Donec dulcis amaror:
Ne sinamus vt hæc bona
Nobis forsitan interim
Negligentibus effluant:
    Nam cum lustra iuuentas
Nostra quinque peregerit,
Frustra delitias leues
Seri optabimus, & bona hæc
    Sistet tarda senectus.
Nempe nostra breuissimis
Clausa est vita recursibus,
Nostri deproperant dies
    In ferale sepulchrum.
Donec ergo, puellula,
Dulces hos stimulos datur
Et sentire fauillulas,
    Carpamus bona summa.

*Chreſtien iettant mon œil ſur l'oeil de, &c. page 231.*
FL. CHRISTIANVS.

Donec lumine, Chriſtiane, noſtro
Mellitos oculos meæ puellę
Spectamus, videor mihi profundis
Gratum combibere hauſtibus liquorem,
Qui per lumina fuſus vtriuſque,
Vndoſo impete fluctuationis
Noſtras traiicit intimus medullas:
Sic me nectaris huius aſſuëtæ,
Sic me deliciæ iuuant, vt æquè
Non meum cibus adiuuet palatum
Alter, præ dape quã ſuis ocellis
(Dum me conſpicit illa dulcè)ſeruat:
Hæc ſola eſt mea vita mórſque ſola eſt,
Vitæ moribus illam & inſtituto
AEmulus refero, nec eſſe poſſit
Iucundum mihi, quod ſit illi amarum:
Huius lumina paſco, ineſcat illa
Meos flammeolis ſuis ocellos:
Illi ego miſeros meos dolores,
Viciſſim illa ſuos mihi inſuſurrat.
O ſuaues nimis anxios dolores,
Nimis dulciculos, nimis miſellos.

*L'Automne ſuit l'Eſté & la belle uerdure. page 240.*

### FL. CHRISTIANVS.

Proterit AEſtatem Autumnus, venientéque Veris
    Tempore cedit hiems:
Nec ſemper vexat nantes in gurgite puppes
    Per mare veliuolum
Africus, aut magno ſpirant ſtridore procellæ,
    Luna nec ipſa eadem
Apparet ſemper, picta aut lugubre, maligna
    Fulgere luce ſolet.
Nam primũ auratis creſcit noua cornibus, & mox
    Lumen agens rutilum,
Orbe nitet toto: vicibus ſic omnia noſtra
    Matris ad arbitrium
Naturæ mutantur: & hæc mutatio ſoli
    Heu! inimica mihi eſt.
Annus ab hinc alter, cùm pulchrã, incenſus amore,
    Perſequor hîc dominam:
Nec tamen aut animos huius, mutatáue ſenſi
    Priſtina conſilia.
Quò fit, vt hunc vanũ eſſe puté, qui dixerit olim
    Non hodie eſt quod heri.


*Vien iour heureux, ſen de l'une & l'autre ælle. page 224.*

### FL. CHRISTIANVS.

Rumpe, Dies, cæcæ tenebroſa ſilentia noctis
    Exórere alma dies, lux age rumpe moras.
Lux age pulchra veni, & propera radiantis ocelli
    Ad dominæ lectum lumina ferre meæ.
I, fœlix promiſſa dies, quo ſcilicet illa
    Auxilium noſtris reddet opémque malis.

I, fœlix promiſſa dies, Dominámque reuiſens
    Hęc illi pro me nuntia verba refer:
Qui pro te mala tot patitur, cupidus bona tãdem
    Poſcit & expeſtat quæ tibi pollicita es.
Non iam deſperãdum animis, tibi ſed tolerandum
    Venturum forti peſtore quicquid erit.
Dulcis enim (ſic crede mihi) certaminis huius
    Non mea, ſed victrix palma futura tua eſt.


## FIN DE LA SECONDE PARTIE

## DES EVVRES POETIQVES

## DE I. GREVIN.

www.ingramcontent.com/pod-product-compliance
Lightning Source LLC
LaVergne TN
LVHW021118050726
842519LV00002B/276